Parlate italiano?

von

Ima Agustoni

Langenscheidt

Illustrationen: Wilfried Poll

Wiedergabe der Musikeinspielungen auf den Cassetten mit Genehmigung der Polyband Gesellschaft für Tonträger, München

Auflage:	14.	13.	12.	11.	10.	Letzte Zahlen
Jahr:	1993	92	91	90	89	maßgeblich

Printed in Germany

Druck: Druckhaus Langenscheidt, Berlin-Schöneberg

VORWORT

Der Langenscheidt-Verlag ist der größte Spezialverlag für Wörterbücher und fremdsprachliche Lehrwerke. Schon 1906 setzte er als erster die Schallplatte für Lehr- und Lernzwecke im Bereich der Fremdsprachen ein.
Der vorliegende Italienisch-Kurs steht somit in der Tradition einer bewährten Unterrichtsmethode, die das Erlernen einer fremden Sprache entscheidend erleichtert. Die Verwendung des Lehrbuches zusammen mit den Cassetten bietet die Gewähr für einen bestmöglichen Lernerfolg.
Ein weiterer Garant für ein erfolgreiches Lernen mit diesem Kurs ist der Name der Autorin: Ima Agustoni. Vielen schon ist sie durch ihre italienischen Fernsehkurse „Benvenuti in Italia" und „Avanti, avanti!" bekannt geworden. Ihre große didaktische Erfahrung kommt Ihnen in diesem Lehrgang zugute.
Die Vorzüge des Sprachlehrgangs „Parlate italiano?" lassen sich in diesen Punkten zusammenfassen. – Der Kurs ist

leicht und unterhaltsam

Bei dem Lernenden werden keine Vorkenntnisse vorausgesetzt. Schritt für Schritt wird er in die italienische Sprache eingeführt. Humorgewürzte Dialoge, Erläuterungen in deutscher Sprache und abwechslungsreich gestaltete Übungen folgen in lebendigem Wechsel aufeinander.
Mit diesem Kurs ist ein ebenso unterhaltsames wie effizientes Lernen möglich. Nie wird es langweilig. Schlag auf Schlag, Dialog für Dialog werden neue Themen und Situationen angeboten, in die sich der Lernende hineinversetzen muß. Die Szenen spielen im Hotel, im Restaurant, auf dem Markt, beim Autoverleih, auf dem Postamt u. s. w. – also überall dort, wo auch Sie bei einem Aufenthalt in Italien Situationen sprachlich zu bewältigen haben.

lebendig und praktisch

Die Sprache in den Dialogen und Szenen, die in Venedig spielen, ist natürlich und vermittelt realistisches Italienisch für die Situationen des

sprachlichen Alltags. Sie ist der Mittelpunkt dieses Lehrgangs, nicht die Grammatik: Soviel Praxis wie möglich, soviel Theorie wie nötig – dieses Bemühen steht bei „Parlate italiano?" im Vordergrund.
Die Cassetten tragen in erheblichem Maße dazu bei, ein lebendiges und praktisches Italienisch zu vermitteln. Die Sprachaufnahmen entstanden „vor Ort", in italienischen Studios mit italienischen Schauspielern. Sie zeichnen sich durch Spontaneität und Natürlichkeit aus. In der Einleitung zu diesem Kurs ist eingehend beschrieben, wie sie einzusetzen sind.

methodisch fundiert

Eine erprobte didaktische Konzeption liegt diesem Kurs zugrunde. Im Vordergrund stand das Bemühen, den Aufbau und die Organisation von „Parlate italiano?" so klar und so transparent wie möglich zu gestalten. Zu keiner Zeit wird der Lernende darüber im unklaren gelassen, wo er wissensmäßig steht. Zahlreiche Übungen, mit entsprechendem Schlüssel im Anhang des Buches, stellen eine wirksame und ständige Erfolgskontrolle dar. Jede sechste Lektion dient ausschließlich der Festigung und Wiederholung des Stoffes.
Das vermittelte Vokabular, die sprachlichen Wendungen und Strukturen werden nicht lektionsweise „abgehakt". Je nach ihrem Gebrauchswert im sprachlichen Alltag erscheinen sie immer wieder in wechselnden thematischen Zusammenhängen. Diese „Umwälzung" gestattet es, die wichtigsten Wörter und Strukturen einzudrillen, ohne daß sich bei dem Lernenden der Eindruck einer Paukatmosphäre einstellt.
„Parlato italiano?" ist aus all diesen Gründen nicht nur ein Sprachlehrgang für Anfänger. Der Kurs ist ebenso ein geeignetes Arbeitsinstrument, wenn man schon vorhandene Italienischkenntnisse auffrischen, festigen oder gezielt verbessern möchte.

INHALTSVERZEICHNIS

EINLEITUNG

Allgemeines

Dieses Buch wendet sich an alle, die die italienische Sprache erlernen oder ihre Italienischkenntnisse auffrischen wollen. In 30 Lektionen behandelt dieser Kurs Grundlagen des Italienischen und bietet dem Lernenden reichlich Gelegenheit, sich ohne Lehrer in den Gebrauch der Sprache einzuüben.
Der didaktisch aufbereitete Text folgt der sogenannten „direkten Methode" („audio-aktives Lernen"), mit der Sie die italienische Umgangssprache beinahe so leicht lernen wie italienische Kinder ihre Muttersprache. Die Tonbandcassetten bieten eine lebensnahe Unterhaltung von Italienern. Die Natürlichkeit der Situation in jeder Lektion, der feine Humor und die vielen eingestreuten Bemerkungen über die Geschichte, die Kunst und das Leben in der Lagunenstadt Venedig sorgen dafür, daß keine Langeweile aufkommt und daß Sie die Unsicherheit, die am Anfang stets auftritt, wenn man eine fremde Sprache lernen will, rasch überwinden. Mit etwas Geduld sind Sie nach Beendigung des Kurses in der Lage, sich mit Italienern ohne größere Probleme zu unterhalten.

Die Arbeit mit diesem Kurs

Da alle Lektionen den gleichen Aufbau haben, können wir am Beispiel der Lektion 1 unsere Vorschläge für die Arbeitsweise erläutern, die Sie dann in allen Lektionen anwenden können.
Was wird gelernt? ist die Frage, die am Anfang der Lektion beantwortet wird. Es werden Wörter und Ausdrücke vorgestellt, die im Mittelpunkt der Lektion stehen, und sie werden in einem kurzen Gespräch (Dialog) angewendet.
Nehmen Sie dies alles zunächst nur mit den Augen auf und prägen Sie sich das Schriftbild ein, ohne zu versuchen, das Gelesene zu sprechen. Das italienische Schriftbild und die deutsche Übersetzung sind zunächst allein wichtig.

In dem folgenden Abschnitt *So wird's verständlich* finden Sie die notwendigen Erläuterungen. Auch hier geht es vorerst nur darum, das Gelesene zu verstehen. Alle grammatisch wichtigen Punkte werden hier erklärt.

Mit dem *Dialog 1* geht es nun zum ersten Mal um Hören und Sprechen. Die Situation wird für jeden Dialog am Anfang mit einer kurzen deutschen Erklärung skizziert. Hören Sie sich von Ihrer Cassette den Dialog 1 an, ohne dabei in Ihr Buch zu sehen. Vielleicht verstehen Sie sogar das eine oder andere daraus oder ahnen, worum es geht. Dann spulen Sie die Cassette zurück und hören sich dasselbe noch einmal an. Diesmal verfolgen Sie den Text im Buch.

Anschließend machen Sie sich mit den *Wörtern und Wendungen* vertraut, die zu Dialog 1 gehören. Prägen Sie sich die Aussprache – unter Zuhilfenahme der Cassette – und die Bedeutung jedes Wortes und jeder Wendung fest ein. Dann hören Sie sich den Dialogtext noch einmal an, den Sie jetzt gut verstehen werden. Übersetzen Sie ihn ins Deutsche, dann merken Sie, ob irgend etwas noch nicht völlig klar ist.

Als nächsten Schritt hören Sie den Dialog satzweise ab und sprechen ihn Satz für Satz nach. Ahmen Sie die Aussprache und Satzmelodie der Sprecher genau nach.

Erst wenn Sie damit zufrieden sind, gehen Sie einen Schritt weiter: Sie hören über Ihren Cassettenrecorder ab, was eine der sprechenden Personen sagt, und Sie selbst übernehmen die Rolle einer anderen sprechenden Person aus dem Dialog. Ihre Erwiderung überprüfen Sie jedesmal mit der Cassette. Hier ein Beispiel dafür: Sie übernehmen die Rolle von Giovanni aus dem ersten Dialog in Lektion 1.

1. Cassette einlegen.
2. Sie sprechen Giovannis Worte: *Buon giorno.*
3. Cassettenrecorder einschalten: er wiederholt das Gesprochene zur Überprüfung und antwortet: *Buon giorno.*
4. Cassettenrecorder aus. Sie sprechen Giovannis Worte: *Per favore, c'è un albergo qui vicino?*
5. Cassettenrecorder ein; er wiederholt das Gesprochene zur Überprüfung usw.

Und schließlich lassen Sie sich den Text des Dialogs oder einen Teil davon von der Cassette in kleinen Abschnitten diktieren, schreiben das Gehörte nieder, ohne ins Buch zu sehen, und korrigieren anschließend Ihre Fehler.

Dialog 2 wird dann in gleicher Weise durchgearbeitet.
In den abschließenden Übungen können Sie das Gelernte festigen und überprüfen. Die meisten der Übungen lassen sich sowohl schriftlich als auch mündlich bearbeiten. Sie sollten beides tun. Ihre Lösungen können Sie dann anschließend mit den auf den Seiten 205–214 abgedruckten Lösungen vergleichen.
Sie haben gesehen: die Arbeit mit den Cassetten bietet Ihnen den großen Vorteil der zeitlich unabhängigen und beliebig häufigen Wiederholung der verschiedenen Unterrichtsschritte.
Noch ein Hinweis für „blutige" Anfänger: Seien Sie nicht entmutigt, wenn der Zeitaufwand für die vorgeschlagene Art der Durcharbeitung in den ersten Lektionen ziemlich hoch ist. Mit zunehmender Einarbeitung wird auch der Zeitaufwand etwas abnehmen.

Zur Aussprache

Genaues Zuhören und möglichst gutes Nachahmen des Gehörten sind die beiden wichtigsten Voraussetzungen für eine gute Aussprache. Worauf Sie beim Zuhören besonders zu achten haben, wollen wir Ihnen im folgenden erklären. Für eine gute Aussprache ist dreierlei von Bedeutung:

1. die Betonung oder der richtige Wechsel betonter und unbetonter Silben, wodurch die Sprache den ihr eigentümlichen Rhythmus erhält;
2. der Tonfall oder das Heben und Senken der Stimme, was der Sprache ihre charakteristische „Melodie" verleiht;
3. der Lautcharakter oder die Art und Weise, wie die einzelnen Laute gebildet werden, die der Sprache ihre eigene Klangfarbe geben.

Wenn Sie diese drei Punkte beachten, wird Ihnen das richtige Nachahmen um so leichter fallen.

Zur Betonung

Die Betonung der italienischen Wörter ist unterschiedlich: sie kann auf der letzten, vorletzten, drittletzten oder viertletzten Silbe liegen. Doch ist bei den meisten Wörtern die vorletzte Silbe betont. Leider wird die betonte Silbe im allgemeinen nicht durch ein Betonungszeichen (Akzent) bezeichnet. Es gibt im Italienischen jedoch einen Akzent, der Betonungshinweis oder Unterscheidungsmerkmal ist. Dieser Akzent muß gesetzt werden:

1. bei mehrsilbigen endbetonten Wörtern:

la città	die Stadt	perchè	warum
lunedì	Montag	il caffè	der Kaffee

2. bei einsilbigen Wörtern mit zwei aufeinanderfolgenden Vokalen, wenn die Betonung auf dem letzten liegt:

già	schon	più	mehr	può	er/sie kann

3. bei einsilbigen Wörtern, um sie von anderen gleichgeschriebenen zu unterscheiden:

è	er/sie/es ist	e	und
sì	ja	si	sich
dà	er/sie gibt	da	von/seit/durch

Die Betonung der vorletzten Silbe wird in diesem Buch als regelmäßig angesehen; sie ist also nicht bezeichnet. Endbetonte Wörter müssen den Akzent tragen. Soll die dritt- oder viertletzte Silbe betont werden, wird bei den entsprechenden Wörtern unter *Wörter und Wendungen* der betonte Selbstlaut durch einen Punkt gekennzeichnet:

il trạffico	der Verkehr	la gọndola	die Gondel

Dasselbe geschieht bei Wörtern auf *-ia* und *-io*, wenn das *i* die Betonung trägt:

la farmacịa	die Apotheke	la trattorịa	die Gaststätte

Da sich für die Betonung der italienischen Wörter keine feste Regel aufstellen läßt, raten wir Ihnen, die richtige Betonung bei jedem neuen Wort, das Ihnen begegnet, sofort mitzulernen.

Zum Tonfall

Hier müssen wir uns auf einige Grundsätze beschränken, im übrigen kommt es auf möglichst genaues Nachahmen an.

Die Stimme kann am Satzende gesenkt werden; dies geschieht z. B. bei einer Feststellung, bei Ausrufen oder bei Fragesätzen, die durch ein Fragefürwort eingeleitet werden:

L'albergo è tranquillo. ↘ Perchè non è tranquillo? ↘

Die Stimme kann am Satzende angehoben werden; dies geschieht z. B. bei Fragesätzen, die mit Ja oder Nein beantwortet werden können:

L'albergo è tranquillo? ↗

Die Stimme kann unverändert bleiben; dies geschieht z. B. in alltäglichen Redewendungen:

buon giorno →

va bene →

Es ist sehr wichtig, auf das Steigen und Fallen der Stimme zu achten. Der Unterschied zwischen einer Frage und einer Feststellung wird jedoch nicht nur durch den Tonfall, sondern auch durch die Stimmlage gekennzeichnet. Bei einer Frage ist sie höher als bei einer Feststellung. Bei emotionalen Ausrufen ist sie besonders hoch.
Stark betonte Wörter und Silben können in einer anderen Tonlage gesprochen werden als die vorausgehenden oder folgenden.

Zum Lautcharakter

Da im Italienischen oft ein erheblicher Unterschied zwischen der Schreibweise und der Aussprache eines Lautes (besonders bei den Selbstlauten) besteht, benutzen wir eine Reihe von Zeichen, die die Aussprache eindeutig wiedergeben. Es sind dies die Zeichen der international anerkannten Lautschrift. Jedes Zeichen stellt einen bestimmten Laut dar; welchen, zeigt Ihnen die nachfolgende Übersicht. Die Lautschrift erscheint immer in eckigen Klammern. Vor der betonten Silbe steht ein Betonungszeichen (Akzent) '.

Die italienischen Selbstlaute (Vokale)

Ein betonter Selbstlaut ist in einer offenen Silbe (d. h. in einer Silbe, die mit einem Selbstlaut endet), wie z. B. in ca-na-le, gewöhnlich länger als in einer geschlossenen (mit einem Mitlaut endenden Silbe), wie z. B. in bar-ca. In der Lautschrift wird ein langer Selbstlaut durch ː gekennzeichnet. Betonte Selbstlaute am Ende eines Wortes sind immer kurz.

[a] klingt offen wie in „Bach"

canale [ka'naːle]	Kanal
barca ['barka]	Boot

[e] klingt geschlossen wie in „See". Das auslautende *e* ist im Italienischen immer kurz und deutlich als [e] auszusprechen, niemals abgeschwächt wie das auslautende *e* in „Habe".

aceto [a'tʃe:to]	Essig
affresco [af'fresko]	Fresko

[ɛ] klingt offen wie in „Späne"

prego ['prɛ:go]	bitte
bello ['bɛllo]	schön

[i] klingt geschlossen wie in „Biene". Dieser Laut klingt im Italienischen nie offen wie in „Bitte".

sì [si]	ja
vino ['vi:no]	Wein

[o] klingt geschlossen wie in „Brot"

favore [fa'vo:re]	Gefallen
ponte ['ponte]	Brücke

[ɔ] klingt offen wie in „Sorge"

nove ['nɔ:ve]	neun
troppo ['trɔppo]	zu viel

[u] klingt geschlossen wie in „Ruder". Dieser Laut klingt im Italienischen nie offen wie in „Futter".

uno ['u:no]	ein
punto ['punto]	Punkt

Die betonten Selbstlaute *e* und *o* können sowohl geschlossen als auch offen ausgesprochen werden. Es ist schwierig, hierfür feste Regeln anzugeben. Achten Sie also beim Anhören der Dialoge auf der Cassette sehr genau auf die Aussprache von *e* und *o* und prägen Sie sich gleich die richtige Aussprache ein.

Die italienischen Mitlaute (Konsonanten)

Mitlaute können im Italienischen kurz oder lang sein. Lange Mitlaute werden in der Lautschrift durch Verdoppelung gekennzeichnet. Im folgenden werden nur die Mitlaute aufgeführt, die sich in ihrer Aussprache vom Deutschen unterscheiden oder keine Entsprechung im Deutschen haben.

[p], [t], [k] sind kürzer als im Deutschen auszusprechen, es darf kaum Luft aus dem Mund entweichen

[r] wird mit der Zungenspitze stark gerollt und ist auch vor Mitlauten und am Wortende deutlich zu hören

caro ['ka:ro]	lieb
azzurro [ad'dzurro]	blau

[s] ist stimmlos wie in „Haß"

sei [sɛi]	sechs
signora [siɲ'ɲo:ra]	Frau

[z] klingt wie der Anlaut in „Sonne"

scusi ['sku:zi]	entschuldigen Sie
svizzero ['zvittsero]	Schweizer

[ʃ] klingt wie der Anlaut in „Schule"

pesce ['peʃʃe]	Fisch
lasciare [laʃ'ʃa:re]	lassen

[v] klingt stimmhaft wie *w* in „Weg"

valigia [va'li:dʒa]	Koffer
vendere ['vendere]	verkaufen

[ŋ] klingt wie deutsches *n* vor *g* in „Menge"

lungo ['luŋgo]	lang
banca ['baŋka]	Bank

[ɲ] klingt wie das geschriebene *gn* in „Kognak"

signore [siɲ'ɲo:re]	Herr
bisogno [bi'zoɲɲo]	Bedarf

[ʎ] klingt wie das geschriebene *ll* in „Sevilla"

figlio ['fiʎʎo]	Sohn
gli [ʎi]	die

Die italienischen Konsonantengruppen

[ts] klingt wie der Anlaut in „Zange"

zio ['tsi:o]	Onkel
pezzo ['pɛttso]	Stück

[dz] klingt wie der Anlaut in „Sage", wird aber mit einem d-Vorschlag gesprochen

zero ['dzɛ:ro]	null
mezzo ['mɛddzo]	halb

[tʃ] klingt wie das anlautende *tsch* in „tschechisch"

arancia [a'rantʃa]	Orange
doccia ['dottʃa]	Dusche

[dʒ] klingt wie das anlautende *dsch* in „Dschungel"

giorno ['dʒorno]	Tag
contagio [kon'ta:dʒo]	Ansteckung

Rechtschreibung und Aussprache

c wird vor *e* und *i* [tʃ] ausgesprochen:

cento ['tʃento]	hundert
amici [a'mi:tʃi]	Freunde

vor *a, o, u* und vor Mitlauten wird es [k] ausgesprochen:

barca ['barka]	Boot
amico [a'mi:ko]	Freund
cucina [ku'tʃi:na]	Küche

soll auch vor *e* und *i* der [k]-Laut erhalten bleiben, wird ein *h* eingeschoben:

barca ['barka]	→	barche ['barke]
Boot		Boote
amica [a'mi:ka]	→	amiche [a'mi:ke]
Freundin		Freundinnen

g wird vor *e* und *i* [dʒ] ausgesprochen:

gentile [dʒen'ti:le]	freundlich
gita ['dʒi:ta]	Ausflug

vor *a, o, u* und vor Mitlauten wird es [g] ausgesprochen:

gatto ['gatto]	Katze
gondola ['gondola]	Gondel

soll auch vor *e* und *i* der [g]-Laut erhalten bleiben, wird ein *h* eingeschoben:

collega [kol'lɛ:ga]	→	colleghi [kol'lɛgi]
Kollege		Kollegen
bottega [bot'te:ga]	→	botthege [bot'te:ge]
Laden		Läden

gl wird zwischen Selbstlauten [ʎ] ausgesprochen, am Wortanfang [gl]:

figlio ['fiʎʎo]	Sohn
glorioso [glori'oso]	glorreich

h erscheint nur in der Schrift, es wird nicht gesprochen

ng wird vor *a*, *o* und *u* [ŋ] ausgesprochen:

lungo ['luŋgo]	lang

vor *e* und *i* wird es [ndʒ] ausgesprochen:

mangiare [man'dʒa:re]	essen

s wird am Wortanfang vor Selbstlauten und vor stimmlosen Mitlauten [s] ausgesprochen:

sera ['se:ra]	Abend
specchio ['spɛkkio]	Spiegel

vor stimmhaften Mitlauten wird es [z] ausgesprochen:

svegliarsi [zveʎ'ʎarsi]	aufwachen

zwischen zwei Selbstlauten ist es teils stimmlos, teils stimmhaft:

casa ['ka:sa]	Haus
chiesa ['kiɛ:za]	Kirche

sc wird vor *e* und *i* [ʃ] ausgesprochen:

scegliere ['ʃeʎʎere]	wählen

vor *a*, *o*, *u* und vor Mitlauten wird es [sk] ausgesprochen:

scarpa ['skarpa]	Schuh
scoperta [sko'pɛrta]	Entdeckung
scrivere ['skri:vere]	schreiben

LEKTION 1

A Venezia

Was wird gelernt?

C'è un albergo qui vicino? – Sì, c'è l'albergo Goldoni
Zahlen 1—21

Giovanni:	Per favore, c'è un albergo qui vicino?	*Giovanni:*	Bitte schön, gibt es ein Hotel hier in der Nähe?
Signora:	Sì, qui vicino c'è l'albergo Goldoni.	*Dame:*	Ja, hier in der Nähe gibt es das Hotel Goldoni.
Giovanni:	L'albergo è tranquillo?	*Giovanni:*	Ist das Hotel ruhig?
Signora:	Sì, l'albergo è tranquillo.	*Dame:*	Ja, das Hotel ist ruhig.
Signore:	No, non è tranquillo.	*Herr:*	Nein, es ist nicht ruhig.

So wird's verständlich:

per favore = bitte, bitte schön

sagt man, wenn man etwas verlangt: *un'informazione* = eine Auskunft; *un gelato* = ein Eis; *un biglietto* = eine Fahrkarte.

Man sagt es auch, wenn man um eine Gefälligkeit bittet: *apra la porta, per favore* = öffnen Sie die Tür, bitte.

prego = bitte, bitte schön

ist zunächst die Antwort auf *grazie* = danke.

Es wird aber auch bei einer Aufforderung verwendet: *prego, da questa parte* = bitte, auf diese Seite.

c'è ist zusammengezogen aus *ci* und *è*; es entspricht dem deutschen „es gibt", „es ist".

Das Auslassungszeichen – ' – ersetzt das *i* von *ci*, um zu vermeiden, daß zwei Selbstlaute aufeinanderfolgen. Dies kommt im Italienischen aus Gründen der Sprachmelodie sehr häufig vor: *l'albergo* = das Hotel, *l'amico* = der Freund.

C'è spricht man wie ein Wort aus: [tʃɛ].

il/la/l'/lo: Im Italienischen gibt es nur zwei Geschlechtsformen: **männlich** (*m*) und **weiblich** (*w*). Eine sächliche Form gibt es nicht.

il *signore* (*m*)	**der** Herr	**la** *signora* (*w*)	**die** Dame
il *bambino* (*m*)	**das** Kind	**la** *signorina* (*w*)	**das** Fräulein

Die **bestimmten** Geschlechtswörter sind:

männlich/Einzahl	**weiblich/Einzahl**
il	**la**
l' vor Selbstlauten	**l'** vor Selbstlauten
lo vor st, sp, sc, z	
il signore	**la** signora
l'albergo	**l'**amica die Freundin
lo studente der Schüler, Student	

Die **unbestimmten** Geschlechtswörter sind:

männlich	**weiblich**
un ein	**una** eine
uno vor st, sp, sc, z	**un'** vor Selbstlauten
un albergo	**una** camera
uno studente	**un'**amica

Fragesatz: Im Gegensatz zum Deutschen bleibt im Italienischen bei einer Frage der Satzbau unverändert. Die Frage wird lediglich durch das Anheben der Stimme kenntlich gemacht:

L'albergo è tranquillo?	Ist das Hotel ruhig?
L'albergo è tranquillo.	Das Hotel ist ruhig.

Der Tonfall macht die Musik! Hören Sie die Toncassette an und sprechen Sie nach.

non = nicht/kein: Das Verneinungswort *non* wird **vor** das Zeitwort gestellt. Im Deutschen ist es gerade umgekehrt.

L'albergo **non** *è tranquillo.*	Das Hotel ist **nicht** ruhig.
Non *c'è una camera libera.*	Es ist **kein** Zimmer frei.

1—21: Die Zahlen von 1 bis 21 sind:

uno	1	ụndici	11
due	2	dọdici	12
tre	3	trẹdici	13
quattro	4	quattọrdici	14
cinque	5	quịndici	15
sei	6	sẹdici	16
sette	7	diciassette	17
otto	8	diciotto	18
nove	9	diciannove	19
dieci	10	venti	20
		ventuno	21

Bitte lesen Sie diese Zahlen laut vor, dabei üben Sie auch die italienische Aussprache. Decken Sie mit der Hand die ausgeschriebenen Zahlen ab und versuchen Sie, die Ziffern auch ohne den Text wiederzugeben!

Dialog 1: C'è un albergo qui vicino?

Der Mailänder Maler Giovanni Belli kommt nach Venedig, um hier Bilder zu malen. Die Brücken und Kanäle, die Gassen, die Paläste und die Menschen der Lagunenstadt wird er auf der Leinwand festhalten. Er sucht ein ruhiges Hotel mit schöner Aussicht. Er fragt einen Herren auf der Straße danach.

Giovanni: Buon giorno.
Signore: Buon giorno.
Giovanni: Per favore, c'è un albergo qui vicino?
Signore: ... un albergo qui vicino ...
Giovanni: Sì, un albergo tranquillo con una bella vista?
Signore: Uhm! Un albergo tranquillo con una bella vista ...
Giovanni: Qui vicino.
Signore: Qui vicino c'è l'albergo ...

Eine Fußgängerin mischt sich in das Gespräch ein.

Signora: *(zu Giovanni)* Qui vicino c'è l'albergo Goldoni.
Giovanni: Ah! C'è l'albergo Goldoni. Grazie, signora.
Signora: Prego.
Signore: *(zu der Dame)* L'albergo Goldoni non è tranquillo!
Signora: C'è una bella vista sul Canal Grande!
Signore: *(zu Giovanni)* Sul Canal Grande c'è molto traffico.
Signora: *(zu Giovanni)* C'è molto traffico di gondole!
Giovanni: Ma l'albergo Goldoni è tranquillo o no?
Signora e signore: È tranquillo! Non è tranquillo! È tranquillo! Non è tranquillo! È tranquillo .... Non è tranquillo ....
Giovanni: Va bene, va bene. Grazie. Arrivederci!

Wörter und Wendungen

a Venẹzia*	in Venedig	per favore	bitte, bitte schön
c'è [tʃɛ]	es gibt/es ist	sì	ja
l'albergo/un albergo	das Hotel/ein Hotel	tranquillo	ruhig
		con	mit
qui vicino	hier in der Nähe	bello	schön
buọn giorno [dʒ]	guten Tag	con una bella vista	mit einer schönen Aussicht
il signore [ɲ]	der Herr		

la signora [ɲ]	die Dame, die Frau	il trạffico	der Verkehr
grazie	danke	molto traffico	starker/viel Verkehr
prego	bitte	la gọndola	die Gondel
non	nicht	traffico di gondole	Gondelverkehr
è	er/sie/es ist	ma	aber
su	auf	o	oder
il canale	der Kanal	no	nein
sul Canal Grande	auf dem/auf den Canal Grande	va bene	schon gut/in Ordnung
molto	viel/sehr/stark	arrivederci [tʃ]	auf Wiedersehen

Carlo Goldoni ist ein berühmter venezianischer Dichter des 18. Jhs.

* Im allgemeinen wird im Italienischen die vorletzte Silbe betont. Abweichungen von dieser Regel werden jeweils durch einen Punkt unter dem betonten Vokal gekennzeichnet.

Dialog 2: Che cosa desidera? — Vorrei una camera tranquilla

Giovanni geht zum Hotel Goldoni. Er ist nun gespannt, ob es dort ruhig ist oder nicht.

Portiere: Buon giorno, signore.
Giovanni: Buon giorno.
Portiere: Che cosa desidera?
Giovanni: Vorrei una camera.
Portiere: Una camera a un letto, a due letti?
Giovanni: Una camera a un letto, per favore.
Portiere: Prego, da questa parte.
Giovanni: Grazie.
Portiere: Ecco, signore. La camera numero tre è libera.
Giovanni: Non c'è la doccia.
Portiere: Desidera una camera con la doccia?
Giovanni: Sì, con la doccia.
Portiere: Ecco, la camera numero cinque. Qui c'è la doccia.
Giovanni: *(geht ans Fenster)* Non c'è il balcone.
Portiere: Desidera una camera con il balcone?
Giovanni: Sì, con il balcone.
Portiere: Ecco, la camera numero sette con doccia e balcone.
Giovanni: La camera non è tranquilla.

Portiere: Desidera una camera tranquilla, con il balcone, con la doccia e una bella vista?

Giovanni: Sì, sì, grazie!

Portiere: La camera numero dieci è tranquilla, con la doccia, con il balcone e una bella vista, ma . . .

Giovanni: . . . ma?

Portiere: Ma è occupata!

Giovanni: La camera è occupata! Che sfortuna!

Portiere: Arrivederci, signore.

Giovanni: Arrivederci.

Wörter und Wendungen

il portiere	der Hotelportier
che cosa desịdera?	was möchten Sie?
vorrei	ich möchte
una cạmera	ein Zimmer
una camera a un letto	ein Einbettzimmer
una camera a due letti	ein Zweibett-zimmer
da questa parte	auf diese Seite
ecco	hier/da ist (sind), sieh hier/sehen Sie
il nụmero	die Nummer
lịbero	frei
la doccia [tʃ]	die Dusche
qui	hier
il balcone	der Balkon
e	und
occupato	besetzt
che sfortuna!	was für ein Pech!

Übungen

1. Fragen Sie auf italienisch, ob ein Hotel in der Nähe ist:

   Per favore
   Ce un Albergo chi vicino ....

   Sie fragen den Hotelportier nach einem ruhigen Zimmer:

   Per favore cerano camera tranquillo ....

   Sie möchten ein Zimmer mit Dusche, Balkon und einer schönen Aussicht:

   Votrei una camera con doccia, con balcon ....

   Ist das Zimmer Nummer zehn frei? Con una bella vista

   La camera nummero dieche libero ....

   Was sagt Giovanni zum Hotelportier am Schluß?

   Arrivederci ....

2. Antworten Sie auf die Fragen:

   L'albergo Goldoni è vicino?

   Si un L'albergo Goldonie qui vicino ....

   La camera numero sette è tranquilla?

   La camero nummero sette no tranquilla ....

   Nella camera numero tre c'è la doccia?

   La camera numero tre no c'è la doccia ....

   C'è il balcone nella camera numero cinque?

   Camera numero cinque non ce balcone ....

   Sul Canal Grande c'è traffico?

   Sul canal Grande c'e traffico di gondole ....

Grazie!

LEKTION 2

In piazza S. Marco

Was wird gelernt?

Sei a Venezia? – Sì, sono a Venezia.
la mia casa, la tua casa usw.
Zahlen 22—100

Bruno:	Sei a Venezia?	*Bruno:*	Bist du in Venedig?
Giovanni:	Sì, sono a Venezia.	*Giovanni:*	Ja, ich bin in Venedig.
Bruno:	Dov'è il tuo albergo?	*Bruno:*	Wo ist dein Hotel?
Giovanni:	Il mio albergo è l'albergo Goldoni.	*Giovanni:*	Mein Hotel ist das Hotel Goldoni.
Bruno:	No, no! Il tuo albergo è la nostra casa!	*Bruno:*	Nein, nein! Dein Hotel ist unser Haus!

So wird's verständlich:

essere	**sein**
io sono	ich bin
tu sei	du bist
lui/lei è	er/sie ist
noi siamo	wir sind
voi siete	ihr seid
loro sono	sie sind

io sono stat**o** (wenn ein Mann spricht) } ich bin gewesen
io sono stat**a** (wenn eine Frau spricht) }

sono *a Venezia* **ich bin** in Venedig

Die persönlichen Fürwörter (*io, tu, lui, lei* usw.) läßt man im Italienischen in der Regel weg. Man verwendet sie nur:

1. wenn man die Person besonders hervorheben will
   io *sono Giovanni,* **tu** *sei Bruno*
2. wenn es zu Unklarheiten kommen könnte
   lui è a Venezia – lei è a Milano

la mia casa	**mein** Haus	**la nostra** casa	**unser** Haus
la tua casa	**dein** Haus	**la vostra** casa	**euer** Haus
la sua casa	**sein/ihr** Haus	**la loro** casa	**ihr** Haus
la Sua casa	**Ihr** Haus	**la Loro** casa	**Ihr** Haus

Die besitzanzeigenden Fürwörter richten sich in Geschlecht und Zahl nach dem Hauptwort, vor dem sie stehen:

la mia *casa* (*w*) **il mio** *albergo* (*m*)

Haben Sie gemerkt? Im Italienischen kommt das bestimmte Geschlechtswort dazu!

la *mia casa* **mein** Haus

Sprechen wir jedoch von Verwandten, fällt das Geschlechtswort weg:

mio figlio	mein Sohn
mia figlia	meine Tochter
mio marito	mein Mann
mia moglie	meine Frau
mia suocera	meine Schwiegermutter

Die Zahlen von 22 bis 100 sind:

ventidue	22	trentuno	31
ventitre	23	trentadue	32
ventiquattro	24	quaranta	40
venticinque	25	cinquanta	50
ventisei	26	sessanta	60
ventisette	27	settanta	70
ventotto	28	ottanta	80
ventinove	29	novanta	90
trenta	30	cento	100

Dialog 1: Come stai? – Bene, grazie e tu?

Giovanni trifft überraschend seinen venezianischen Freund Bruno auf dem Markusplatz.

Bruno: Ciao, Giovanni!
Giovanni: Ciao, Bruno!
Bruno: Che piacere!
Giovanni: Il piacere è tutto mio!
Bruno: Come stai?
Giovanni: Bene, grazie. E tu?
Bruno: Benissimo, grazie. Sei a Venezia?
Giovanni: Sì, sono a Venezia.
Bruno: Sei turista o sei pittore a Venezia?
Giovanni: Non sono turista, sono pittore a Venezia!
Bruno: Questo è mio figlio Marco.
Giovanni: *(zu Marco)* Piacere, io sono Giovanni.
Marco: Piacere, io sono Marco.

Bruno: *(zu Marco)* Marco, Marco, lui è un famoso pittore, è il mio caro amico Giovanni di Milano.

Alle drei gehen unter den Arkaden des Markusplatzes weiter.

Bruno: Vieni, la mia casa è vicina.

Marco: Dov'è il Suo albergo?

Giovanni: Il mio albergo è qui vicino, è l'albergo Goldoni . . .

Bruno: No, no! Il tuo albergo è la nostra casa!

Giovanni: La vostra casa?

Bruno: Sì, sei il nostro ospite a Venezia.

Giovanni: Il vostro ospite? Grazie, sei molto gentile!

Bruno: La barca è qui vicino, andiamo!

Giovanni: Andiamo a casa in barca?

Marco: Sì, siamo a Venezia e la barca è la nostra automobile!

Alle drei steigen ins Boot ein. Marco springt ins Heck und greift wie ein Profi nach dem langen Ruder. Das Boot plätschert leise davon.

Marco: Io sono il gondoliere!

Wörter und Wendungen

la piazza	der Platz
in piazza S. Marco	auf dem Markusplatz
ciao	grüß Gott/adieu
che piacere [tʃ]	welche Freude
il piacere è tutto mio	die Freude ist ganz auf meiner Seite
come stai?	wie geht es dir?
bene, grazie, e tu?	gut, danke, und dir?
benịssimo	sehr gut
il turista	der Tourist
il pittore	der Maler
questo	dieser/dieses/das
il figlio [ʎ]	der Sohn
piacere [tʃ]	angenehm
famoso	berühmt
caro	lieb/teuer
l'amico	der Freund
di Milano	aus Mailand
vieni!	komm!
la casa	das Haus
dov'è	wo ist
l'ọspite (m)	der Gast
molto gentile [dʒ]	sehr höflich/sehr nett
la barca	das Boot
andiamo!	gehen wir/laß(t) uns gehen!
andiamo a casa in barca	wir fahren mit dem Boot nach Hause
l'automọbile (w)	das Auto
il gondoliere	der Gondoliere

Dialog 2: La camera degli ospiti è occupata!

Alle drei sind zu Hause angekommen. Marina, die Frau Brunos, freut sich über den Besuch aus Mailand.

Bruno: Marina, Marina, vieni, c'è Giovanni il nostro amico pittore!
Marina: *(umarmt ihn)* Che sorpresa, caro Giovanni!
Bruno: Giovanni è il nostro ospite, vero Marina?
Marina: Certamente. La camera degli ospiti è libera.
Giovanni: Non vorrei disturbare . . .
Marina: Ma ti prego, Giovanni. È un piacere per noi!
Bruno: Ecco, questa è la tua camera.
Giovanni: È bellissima! C'è anche il balcone e una vista meravigliosa su Venezia!
Marina: È una camera tranquilla.
Giovanni: *(horcht)* È molto tranquilla. È bellissima, grazie.
Marco: *(zu Giovanni)* Questo è il Suo bagno, qui c'è la doccia.
Giovanni: Il mio bagno privato.
Marco: E questo è il Suo armadio. Dov'è la Sua valigia?
Giovanni: *(suchend)* Dov'è la mia valigia?

Bruno: *(zu Marco)* Dov'è la sua valigia?
Marco: *(kommt mit dem Koffer)* Ecco la Sua valigia.
Giovanni: Grazie, Marco.
Bruno hat auf dem Balkon Weingläser bereitgestellt.
Bruno: Alla tua salute, Giovanni!
Giovanni: *(mit dem Weinglas)* Alla vostra ospitalità!
Marina kommt mit einem verlegenen Lächeln zu Bruno.
Bruno: Che cosa c'è, Marina?
Marina: C'è mia madre al telefono . . .
Bruno: Tua madre? (*zu Giovanni*) Mia suocera . . . Oh, Dio mio!
Marina: Mia madre viene a Venezia . . .
Bruno: Tua madre viene a Venezia? Quando?
Marina: Domani.
Bruno: Domani? Non è possibile! C'è Giovanni!
Bruno geht schnell ans Telefon.
Bruno: Cara mamma, mi dispiace molto, ma la camera degli ospiti è occupata! Arrivederci, mamma. Ciao . . . Ciao, mamma!
Noch nie war ein Gast bei Bruno so willkommen!

Wörter und Wendungen

la cạmera degli [ʎ] ọspiti	das Gastzimmer
che sorpresa!	welche Überraschung!
vero? – è vero	nicht wahr? – es stimmt
certamente [tʃ]	sicherlich/gewiß
non vorrei disturbare	ich möchte nicht stören
ma ti prego!	aber, ich bitte dich!
è un piacere per noi!	es ist uns ein Vergnügen!
bellịssimo	sehr schön
una vista meravigliosa [ʎ] su Venezia	eine herrliche Aussicht auf Venedig
il bagno [ɲ]	das Badezimmer
privato	privat
l'armadio (m)	der Schrank
la valigia [dʒ]	der Koffer
alla tua salute!/ salute!	auf dein Wohl!/ Prost!
l'ospitalità (w)	die Gastfreundschaft
che [ke] cosa c'è?	was ist los?
la mamma, la madre	die Mutter
il telẹfono	das Telefon
al telefono	am Telefon
la suọcera [tʃ]	die Schwiegermutter
Oh! Dịo mịo!	Oh! Mein Gott!
viene a Venezia	(sie) kommt nach Venedig
quando?	wann?
domani	morgen
non è possịbile	das/es ist nicht möglich
mi dispiace [tʃ] molto	es tut mir sehr leid

Übungen

1. Setzen Sie bei den folgenden Beispielen die besitzanzeigenden Fürwörter ein:

   .... camera **la mia** camera

   .... balcone

   .... amico

   .... figlio

   .... moglie

   .... casa

   .... suocera

   .... bagno

2. Übersetzen Sie und sprechen Sie dabei laut mit:
   Welche Überraschung, lieber Giovanni! Giovanni ist unser Gast, nicht wahr, Marina? Gewiß. Das Gastzimmer ist frei. Ich möchte nicht stören. Aber ich bitte dich, Giovanni. Es ist uns ein Vergnügen! Wo ist Ihr Koffer? Wo ist mein Koffer? Wo ist sein Koffer? Hier ist sein Koffer. Danke, Marco. Auf dein Wohl, Giovanni! Auf eure Gastfreundschaft!

3. Hören Sie anschließend den Text, den Sie übersetzt haben, auf der Cassette und üben Sie den Tonfall und die Aussprache. Nur wenn Sie sich gleich am Anfang daran gewöhnen, italienisch zu sprechen, werden Sie später, in Italien, keine Hemmungen mehr haben.
   Viel Vergnügen!
   Buon divertimento!

LEKTION 3

Al telefono

Was wird gelernt?

Hai il raffreddore? — Ho un raffreddore fortissimo!
Zahlen 101—2 000 000

Ima:	Hai il raffreddore?	*Ima:*	Hast du Schnupfen?
Marina:	Ho un raffreddore fortissimo! Etschì!	*Marina:*	Ich habe einen sehr starken Schnupfen! Hatschi!
Ima:	Hai un forte raffreddore, poverina, mi dispiace!	*Ima:*	Du hast einen starken Schnupfen, du Ärmste, das tut mir leid!
Marina:	Fortissimo!	*Marina:*	Sehr stark!
Ima:	Hai anche la tosse?	*Ima:*	Hast du auch Husten?
Marina:	Sì, e ho mal di testa. Sono a pezzi!	*Marina:*	Ja, und ich habe Kopfschmerzen. Ich bin kaputt!
Ima:	Ma allora hai l'influenza.	*Ima:*	Aber dann hast du Grippe.
Marina:	No, non ho l'influenza.	*Marina:*	Nein, ich habe keine Grippe.

So wird's verständlich:

avere	**haben**
io ho	ich habe
tu hai	du hast
lui/lei ha	er/sie hat
noi abbiamo	wir haben
voi avete	ihr habt
loro hanno	sie haben
io ho avuto	ich habe gehabt

In der italienischen Sprache kommt das *h* am Anfang eines Wortes nur viermal vor, und zwar beim Zeitwort *avere*. Das ist eine lateinische Überlieferung. Dieses *h* wird nicht gesprochen, es ist stumm: *io ho* sprich [iɔ'ɔ], *tu hai* sprich [tu'ai].

forte
fortissimo

hai un **forte** *raffreddore*	du hast einen starken Schnupfen
ho un raffreddore **fortissimo**	ich habe einen sehr starken Schnupfen

Die Stellung des Eigenschaftswortes ist im Italienischen anders als im Deutschen: es kann **vor** oder **nach** dem Hauptwort stehen. Eine feste Regel gibt es hierfür nicht; das Sprachgefühl des einzelnen ist ausschlaggebend. Steht z. B. das Eigenschaftswort nach dem Hauptwort, so hebt es dessen charakteristische Eigenschaft besonders hervor.

Die Endung **-ịssimo** bildet die höchste Steigerungsstufe eines Eigenschaftswortes: *fortissimo* = sehr stark; *bellissimo* = sehr schön; *carissimo* = sehr teuer, sehr lieb

Die Zahlen von 101 bis 2 000 000 sind:

centouno	101	settecento	700
centodue	102	ottocento	800
centotre	103	novecento	900
duecento	200	mille	1000
trecento	300	duemila	2000
quattrocento	400	trentamila	30000
cinquecento	500	un milione	1000000
seicento	600	due milioni	2000000

Während die Zahl **cento unverändert** bleibt (*duecento, cinquecento*) wird von **mille** ab 2000 die Form **mila** gebildet: *tremila, diecimila, sessantamila* usw.

Bei **Angabe des Alters** wird **avere** verwendet: *Quanti anni hai?* Wie alt bist du? *Ho quindici anni.* Ich bin 15 Jahre alt.

Dialog 1: Hai il raffreddore?

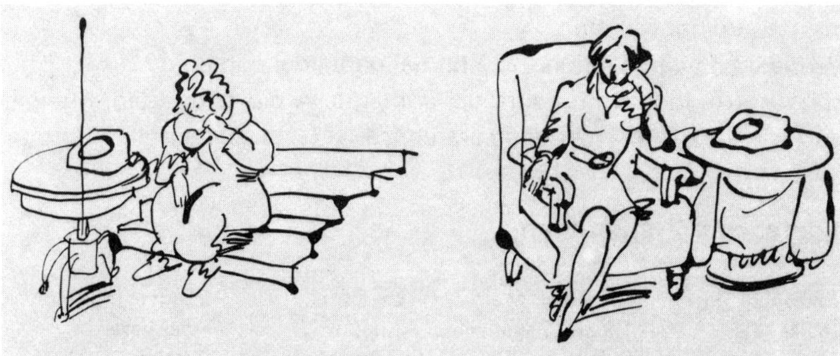

Ima wählt die Nummer der Familie Nogara. Marina hebt den Hörer ab. Sie hat eine verschnupfte Stimme.

Marina: Pronto, chi parla?
Ima: Ciao Marina, sono Ima.
Marina: Ciao Ima, come va?
Ima: Bene, grazie. E tu come stai?
Marina: Così, così . . . etschì!
Ima: Hai il raffreddore?
Marina: Ho un raffreddore fortissimo! Etschì!
Ima: Hai un forte raffreddore, poverina, mi dispiace.
Marina: Fortissimo! (*sie hustet*)
Ima: Hai anche la tosse?
Marina: Sì, e ho mal di testa. Sono a pezzi!
Ima: Ma allora hai l'influenza.
Marina: No, non ho l'influenza.
Ima: Hai la febbre?
Marina: Non so. Marco ha la febbre.
Ima: Marco ha la febbre? È a letto?
Marina: Sì, è a letto con suo padre.
Ima: Anche Bruno ha la febbre? Mamma mia!
Marina: Hanno la febbre e sono a letto.

Ima: Avete bisogno di qualche cosa?
Marina: No, grazie. Non abbiamo bisogno di niente.
Ima: Avete limoni, arance, vitamina „C"?
Marina: Ho tanto mal di testa, sono a pezzi!
Ima: Va bene, vengo.
Marina: Abbiamo l'influenza. Non hai paura del contagio?
Ima: No, io non ho paura del contagio. A più tardi. Ciao, Marina.
Marina: Grazie, Ima, sei una cara amica.

Wörter und Wendungen

pronto, chi [ki] parla?	hallo, wer ist am Apparat / wer spricht da?
come va?	wie geht's?
così, così	so lala
il raffreddore	der Schnupfen
forte	stark
fortịssimo	sehr stark
poverino/a	du Arme(r)/du Ärmste(r)
mi dispiace [tʃ]	das/es tut mir leid
anche [ke]	auch
la tosse	der Husten
il mal di testa	die Kopfschmerzen
sono a pezzi	ich bin kaputt
allora	dann/also
l'influenza	die Grippe
la febbre	das Fieber
non so	ich weiß es nicht
è a letto?	liegt er im Bett?
il padre	der Vater
mamma mịa!	meine Güte!
qualche cosa	etwas
avete bisogno [-zoɲo] di qualche cosa?	braucht ihr was?
non abbiamo bisogno di niente	wir brauchen nichts
il limone	die Zitrone
l'arancia [tʃ] (w)	die Orange
la vitamina	das Vitamin
ho tanto mal di testa	ich habe starke Kopfschmerzen
vengo	ich komme
la paụra di	die Angst vor
il contagio [dʒ]	die Ansteckung
a più tardi	bis später
l'amica	die Freundin

So wird's verständlich

Die bestimmten Geschlechtswörter für das männliche und weibliche Geschlecht in der Einzahl kennen wir schon. Nun wollen wir sie auch in der Mehrzahl lernen:

il *pompelm***o**	(Einzahl/männl.) Pampelmuse	**i** *pompelm***i**	(Mehrzahl/männl.)
il *limon***e**	(Einzahl/männl.)	**i** *limon***i**	(Mehrzahl/männl.)
lo *student***e**	(Einzahl/männl.)	**gli** *student***i**	(Mehrzahl/männl.)

l'*amic***o**	(Einzahl/männl.)	**gli** *amic***i**	(Mehrzahl/männl.)
l'*aranci***a**	(Einzahl/weibl.)	**le** *aranc***e**	(Mehrzahl/weibl.)
la *carn***e**	(Einzahl/weibl.) Fleisch	**le** *carn***i**	(Mehrzahl/weibl.) Fleischsorten
l'*amic***a**	(Einzahl/weibl.)	**le** *amich***e**	(Mehrzahl/weibl.)

	Einzahl	Mehrzahl		Einzahl	Merzahl
männlich	il lo l'	i gli gli	weiblich	la l'	le le

Dialog 2: La ricetta cinese

Es klopft an der Tür.

Marina: Chi è?
Ima: Sono io.
Marina: Avanti! Avanti!
Alles hustet. Ima geht mit einer großen Handtasche ins Schlafzimmer.
Ima: Ecco la ricetta cinese per l'influenza!
Sie zeigt mit großer Gebärde ein chinesisches Buch und die Zutaten.
Ima: (*lesend*) Il limone ha la vitamina „C"
Il pompelmo ha la vitamina „B" e „C"
L'arancia ha la vitamina „A", „B", „C", „D", „E"
Marco: Ma questo è l'alfabeto, non è una ricetta cinese!
Ima: (*hält eine Knoblauchzehe hoch*) Che cos'è questo?
Bruno: Uno spicchio d'aglio.
Ima: E questi sono due spicchi d'aglio. Attenzione!
Sie preßt die Früchte in einen Kochtopf aus, fügt den Knoblauch hinzu.
Marco: L'aglio con i limoni e le arance? Behh!
Marina: (*zu Marco*) Pssst! È una ricetta cinese!
Ima: Che cos'è questa?
Marina: È un'alga?
Bruno: È un'alga marina?

Ima: Certamente, è un'alga della Cina! Ecco, tre bicchieri di aceto. Ho finito!

Bruno: Hai finito? Ma che ricetta strana!

Ima: Non è una ricetta strana, è una ricetta cinese per l'influenza. Hai l'influenza, Bruno?

Bruno: Sì, ho un'influenza fortissima.

Ima: Bene, questa è la ricetta per la tua influenza! Ed ora attenzione! (*auf einem Spirituskocher erhitzt sie den Saft. Das Zimmer ist im Nu voller Dampf. Es riecht säuerlich*)

Bruno: Ma che strana ricetta . . . cinese . . .

Marco: Basta, Ima, per favore!

Marina: Oh! Sto bene! Sto bene . . . (*sie blinzelt Bruno zu*)

Bruno: Brava, Ima. La tua ricetta è buonissima. Non ho più l'influenza!

Ima: Bene. È una buona ricetta. Domani ancora!

Alle drei im Chor: No, grazie, non abbiamo più l'influenza!

Ima: Arrivederci a domani!

Alle drei im Chor: Ciao, Ima!

Ima geht weg. Marina macht sofort das Fenster auf und atmet tief frische Luft ein.

Wörter und Wendungen

la ricetta [tʃ] cinese [tʃ]	das chinesische Rezept
la Cina [tʃ]	China
chi è?	wer ist da?
avanti!	herein!
il pompelmo	die Pampelmuse
l'alfabeto (m)	das Alphabet
che cos'è questo?	was ist das?
uno/lo spicchio [kío] d'aglio [ʎ]	eine/die Knoblauchzehe
questi	Mehrz. von questo
attenzione!	Achtung!
behh!	pfui/pfui Teufel!
un'alga	eine Alge
un'alga marina	das Seegras
un'alga della Cina	chinesisches Gras
il bicchiere [-kiere]	das Glas
l'aceto [tʃ] (m)	der Essig
ho finito	ich bin fertig
strano	sonderbar/merkwürdig
che strana ricetta	was für ein merkwürdiges Rezept
per	für
ed ora	und nun
basta!	genug/aufhören!
non ho più l'influenza	ich habe keine Grippe mehr
sto bene	es geht mir gut
bravo/a	bravo/gut/tüchtig
buono/buonissimo	gut/sehr gut
domani ancora	morgen nochmal
arrivederci a domani	auf Wiedersehen bis morgen

Übungen

1. Antworten Sie auf italienisch mit einem ganzen Satz:

Come sta Marina? .... Marina sta così così

Marina ha il raffreddore? .... Marina ha un raffreddore fortissimo

Marco ha la febbre? .... Marco ha la febbre

Marina ha l'influenza? .... Marina ha l'influenza

Bruno ha l'influenza? .... Sì Bruno ha l'influenza

Ima ha paura del contagio? .... Ima ha non paura del contagio

2. Übersetzen Sie, und sprechen Sie dabei laut mit:
Braucht ihr etwas? Nein, danke. Wir brauchen nichts. Habt ihr Zitronen, Orangen, Pampelmusen? Ich weiß es nicht. Ich habe Kopfschmerzen, ich bin kaputt. Schon gut, ich komme. Wir haben Grippe. Hast du keine Angst vor der Ansteckung? Nein, ich habe keine Angst vor der Ansteckung. Bis später.

LEKTION 4

Al mercato di Rialto

Was wird gelernt?

il caro amico	**la cara amica**
i pesci freschi	**le belle arance**

Venditore:	Bella frutta! Frutta bella! Freschissima!	*Verkäufer:*	Schönes Obst! Schönes Obst! Ganz frisches!
Venditrice:	Le arance sono bellissime! Gli asparagi sono freschissimi!	*Verkäuferin:*	Die Orangen sind sehr schön! Der Spargel ist ganz frisch!
Signora:	Quanto costano le arance? E gli asparagi?	*Dame:*	Wieviel kosten die Orangen? Und der Spargel?
Venditrice:	Un chilo di arance: mille lire. Un chilo di asparagi: duemila lire.	*Verkäuferin:*	Ein Kilo Orangen: 1000 Lire. Ein Kilo Spargel: 2000 Lire.
Venditore:	Pesci freschi!	*Verkäufer:*	Frische Fische!

So wird's verständlich:

Es geht jetzt um die **Mehrzahlbildung**; dazu möchten wir Ihnen eine kleine Hilfe geben. Haben Sie schon gemerkt, wie die weiblichen Hauptwörter in der Einzahl meist enden?

la *cas*a **l**a *mamm*a **l**a *signor*a **l**a *signorin*a **l'***amic***a**

auf **-a**

Und wie enden meist die männlichen Hauptwörter in der Einzahl?

il *mercat***o** **il** *bagn***o** **il** *lett***o** **l'***alberg***o** **l'***amic***o**

auf **-o**

auf **-e** enden auch viele Hauptwörter, die männlich oder weiblich sind:

la *pension***e** (w) **il** *raffreddor***e** (m) **la** *febbr***e** (w) **il** *pittor***e** (m)

Die Mehrzahl wird also so gebildet:

	weiblich	männlich	männlich oder weiblich
Einzahl	**-a**	**-o**	**-e**
Mehrzahl	**-e**	**-i**	**-i**

Dies ist die Grundregel, über wenige Ausnahmen sprechen wir später.

Nun muß man sich aber noch einiges zur Mehrzahlbildung merken: Die weiblichen Hauptwörter auf -**ca** und -**ga** bilden die Mehrzahl mit -**che** und -**ghe**:

barca	*barche*
amica	*amiche*
bottega (Laden)	*botteghe*

Die männlichen Hauptwörter auf -**co** und -**go** bilden die Mehrzahl mit -**chi** und -**ghi**, wenn sie auf der **vorletzten** Silbe betont werden:

	parco (Park)	*parchi*
	baco (Seidenraupe)	*bachi*
Ausnahmen:	*amico*	*amici*
	nemico (Feind)	*nemici*

Die männlichen Hauptwörter auf -**co** und -**go** bilden die Mehrzahl mit -**ci** und -**gi**, wenn sie auf der **drittletzten** Silbe betont werden:

medico (Arzt)	*medici*
asparago	*asparagi*

il caro amic**o**	**la** car**a** amic**a**
il pesc**e** fresc**o**	**la** bell**a** frutt**a**
i pesc**i** fresch**i**	**le** bell**e** aranc**e**

Wie Sie sehen, stimmt im Italienischen das Eigenschaftswort in Geschlecht und Zahl mit dem Hauptwort überein.

Wie bei den Hauptwörtern, so gibt es auch bei den Eigenschaftswörtern solche, die in der Einzahl auf -**e** enden; sie bilden die Mehrzahl ganz einfach auf -**i**:

la signora gentil**e**	**il** signor**e** gentil**e**
le signor**e** gentil**i**	**i** signor**i** gentil**i**

Dialog 1: Quanto costano le arance? — Mille lire al chilo

Giovanni malt den Rialtomarkt. Die Fischhändler und die Gemüsefrauen preisen laut ihre frische Ware an. Hausfrauen drängen sich um die Stände.

Pescivendolo: Pesci, pesci freschi!
Fruttivendolo: Bella frutta! Frutta bella! Freschissima! Verdura!
Signora: Quanto costano le arance? E gli asparagi?
Fruttivendolo: Un chilo di arance: mille lire. Un chilo di asparagi: duemila lire.
Signora: Vorrei un chilo di arance e un chilo di asparagi.
Fruttivendolo: Ecco, signora, le arance e gli asparagi.
Signora: Quanto fa in tutto?
Fruttivendolo: Le arance costano millecinquecento lire.
Signora: Millecinquecento lire? Non costano mille lire al chilo?

Fruttivendolo: Sì, le arance sono un chilo e mezzo: millecinquecento lire. Gli asparagi: duemila lire. In tutto tremilacinquecento.

Signora: Ecco, quattromila lire.

Fruttivendolo: Ecco, cinquecento lire di resto. Grazie. Frutta! Frutta bella! Asparagi freschissimi! A buon mercato! Donne!

Pescivendolo: Donne! Pesci, pesci freschi! Freschissimi! Pesci vivi!

Signorina: Vorrei mezzo chilo di sogliole piccole.

Pescivendolo: Le sogliole belle per la signorina bella!
Belle sogliole per la bella signorina!

Signorina: Ci sono anguille?

Er hält einen Aal hoch, der sich noch bewegt. Die junge Dame schreit auf vor Ekel, die anderen lachen über sie.

Signorina: Ma l'anguilla è viva!

Pescivendolo: *(hat zwei Aale in der Hand)* Sono vive, vivissime!

Signorina: Povere bestie!

Pescivendolo: *(nimmt ein Messer und schneidet einem Aal den Kopf ab)* Ecco fatto!

Signorina: Ma Lei è crudele!

Pescivendolo: Sì, sono crudele con le anguille e con le belle donne!

Giovanni hat die Szene beobachtet. Er geht zu Luisella.

Giovanni: Io non sono crudele con le belle donne!

Luisella: Ciao, Giovanni. Che cosa fai qui?

Giovanni: Vieni con me.

Wörter und Wendungen

al mercato	auf dem Markt
Rialto	Stadtviertel von Venedig/täglicher Markt
quanto cọstano?	was/wieviel kosten sie?
mille lire al chilo [k]	1000 Lire pro/das Kilo
il pescivẹndolo	der Fischhändler
il fruttivẹndolo	der Obst- und Gemüsehändler
il pesce [ʃ]	der Fisch
fresco	frisch
la frutta	das Obst
la verdura	das Gemüse
l'aspạrago	der Spargel
un chilo [k] di	ein Kilo . . .
quanto fa in tutto?	was macht es zusammen?
mezzo [dz]	halb
un chilo e mezzo	anderthalb Kilo
cinquecento [tʃ] lire di resto	500 Lire zurück (als Rest)
a buon mercato	billig/preiswert

la donna	die Frau	ecco fatto!	erledigt/schnell gemacht!
vivo	lebendig		
la sọgliola [ʎ]	die Seezunge	ma Lei è crudele!	sind Sie aber grausam!
pịccolo	klein		
la signorina	das Fräulein	crudele	grausam
l'anguilla	der Aal	che [ke] cosa fai qui?	was machst du hier?
la bestia	das Tier		
pọvera bestia!	armes Tier!	vieni con me	kommt mit mir

Dialog 2: Il quadro non è finito

Giovanni führt Luisella zu der Staffelei bei der Fischhalle zurück. Hausfrauen stehen um das Bild herum.

Luisella: È molto bello questo quadro.
Giovanni: Ti piace?
Luisella: Sì, mi piace molto.
Giovanni: Non è finito.

Luisella:	Non è finito?
Giovanni:	No, domani sono qui ancora. Vieni anche tu?
Luisella:	Sì, certamente. Tutti i giorni sono al mercato di Rialto.
Donna:	(*zu Giovanni*) È Lei il pittore?
Giovanni:	Sì, il pittore sono io.
Donna:	Bravo. Il Suo quadro è bellissimo. (*Sie reicht ihm die Hand*)
Giovanni:	(*beim Händedrücken*) Grazie, signora.
Donna:	Bravo, c'è tutta l'atmosfera di Rialto, del nostro mercato! È un quadro vivo, vivissimo!

Ein amerikanischer Tourist kommt hinzu.

Turista:	Bello, molto bello. Quanto costa questo quadro?
Giovanni:	Il quadro non è finito.
Turista:	Oh! Che sfortuna! Ritorno domani. Va bene?
Giovanni:	Va bene. A domani.

Wörter und Wendungen

il quadro	das Bild	al mercato	auf dem Markt
non è finito	es ist nicht fertig	bello/bellissimo	schön/sehr schön
ti piace? [tʃ]	gefällt es dir?	c'è tutta l'atmosfera	es liegt die ganze Atmosphäre darin
mi piace molto	es gefällt mir sehr		
anche [-ke] tu?	du auch?	rittornare	wieder-, zurückkommen
tutti i giorni [dʒ]	jeden Tag		

Übungen

1. Antworten Sie auf die Fragen:

I pesci sono freschi? Sì, ...

La frutta è bella? Sì, ...

Quanto costano le arance? . . . .

Quanto costano gli asparagi? . . . .

Ci sono anguille al mercato? . . . .

Le anguille sono fresche? . . . .

Chi è Giovanni? (Maler) ....

Chi è Luisella? (seine Freundin) ....

2. Übersetzen Sie laut, und achten Sie dabei auf die Aussprache: 1000 – 2000 – 3000 – 5000 – 10.000 – 1999 – 500 – 2500 – 4

LEKTION 5

Come sono gentili i veneziani!

Was wird gelernt?

Va a piedi o va in vaporetto? — Vado in vaporetto. — venire
Dove si compra il biglietto?

Forestiero:	Vorrei andare in piazza S. Marco.	*Fremder:*	Ich möchte zum Markusplatz gehen.
Veneziano:	Va a piedi o va in vaporetto?	*Venezianer:*	Gehen Sie zu Fuß oder fahren Sie mit dem Motorboot?
Forestiero:	Andiamo a piedi o andiamo in vaporetto?	*Fremder:*	Gehen wir zu Fuß, oder fahren wir mit dem Motorboot?
Forestiera:	Andiamo in vaporetto, così vediamo il Canal Grande.	*Fremde:*	Fahren wir mit dem Boot, so sehen wir den Canal Grande.
Forestiero:	Dove si compra il biglietto?	*Fremder:*	Wo kauft man die Fahrkarte?
Veneziano:	Alla biglietteria, al bar, alla tabaccheria.	*Venezianer:*	Am Fahrkartenschalter, in der Bar, im Tabakgeschäft.

So wird's verständlich:

andare gehen, fahren		**venire** kommen
io vado		io vengo
tu vai		tu vieni
lui/lei va		lui/lei viene
noi andiamo		noi veniamo
voi andate		voi venite
loro vanno		loro vẹngono
io sono andat**a**		io sono venut**a**
ich bin gegangen		ich bin gekommen
	wenn eine Frau spricht	
io sono andat**o**		io sono venut**o**
	wenn ein Mann spricht	

Dove **si** *compra?*	*Dove* **si** *vende?*
Wo kauft **man** es? (Einzahl)	Wo verkauft **man** es? (Einzahl)
Dove **si** *comprano?*	*Dove* **si** *vendono?*
Wo kauft **man** sie (Mehrzahl)	Wo verkauft **man** sie? (Mehrzahl)

Das deutsche *man* wird wiedergegeben durch *si* mit der 3. Person Einzahl des Zeitworts, wenn die Satzergänzung in der Einzahl steht, mit der 3. Person Mehrzahl, wenn die Satzergänzung in der Mehrzahl steht:

Dove si compra il biglietto?	Wo kauft man die Fahrkarte?
Dove si comprano i biglietti?	Wo kauft man die Fahrkarten?
Dove si vende il giornale?	Wo verkauft man die Zeitung?
Dove si vendono le sigarette?	Wo verkauft man die Zigaretten?
I biglietti si comprano alla biglietteria.	Die Fahrkarten kauft man am Fahrkartenschalter.
I giornali si vendono all'edicola.	Die Zeitungen verkauft man am Zeitungskiosk.
Le sigarette si vendono in tabaccheria.	Die Zigaretten verkauft man im Tabakgeschäft.

Dialog: Va a piedi o in vaporetto?

Am Abfahrtssteg Nr. 8 S. Silvestro am Canal Grande warten Passagiere auf das Motorboot Nr. 1, das städtische Verkehrsmittel. Ein fremdes Paar kennt sich in Venedig nicht aus.

Forestiero: Scusi, per favore.
Veneziano: Ha bisogno di qualcosa?
Forestiero: Vorrei un'informazione.
Veneziano: Prego.
Forestiero: Vorrei andare in piazza S. Marco.
Veneziano: Va a piedi o in vaporetto?
Forestiero: A piedi è lontano?
Veneziano: No, non è lontano. In dieci minuti arriva in piazza S. Marco.
Forestiero: E in vaporetto?
Veneziano: In vaporetto circa venti minuti.
Forestiero: (*zu seiner Frau*) Andiamo a piedi o andiamo in vaporetto?
Forestiera: Andiamo in vaporetto, così vediamo il Canal Grande.
Veneziano: È molto bello andare sul Canal Grande in vaporetto.
Veneziana: Ed è a buon mercato!
Forestiero: Quanto costa il biglietto?
Veneziana: Duecento lire. Solamente duecento lire per il meraviglioso Canal Grande!

Forestiero: Benissimo! Dove si comprano i biglietti?
Veneziano: I biglietti si comprano alla biglietteria.
Forestiero: *(schaut sich um)* Ma qui la biglietteria non c'è.
Forestiera: Compriamo i biglietti a bordo?
Veneziana: No, a bordo sono più cari.
Forestiera: Non capisco! Lei dove compra il biglietto?
Veneziana: Io non ho il biglietto, io ho l'abbonamento! È più a buon mercato. Ecco il mio abbonamento.
Forestiera: Ma noi non siamo veneziani. Non abbiamo l'abbonamento!
Veneziana: Allora deve comprare il biglietto!
Forestiera: Ma dove si comprano i biglietti a Venezia?
Veneziano: Ecco, questo è un blocchetto di biglietti: sono dieci biglietti per dieci corse.
Forestiero: Va bene. Ma Lei dove ha comprato i biglietti?
Veneziano: Al bar.
Forestiero: *(schaut seine Frau an)* Al bar? Al caffè?
Veneziano: Sì, i biglietti si comprano al bar, alla tabaccheria e alla biglietteria di alcuni pontili.
Veneziana: Arriva il vaporetto!
Forestiero: Noi andiamo in piazza S. Marco a piedi, non abbiamo il biglietto.
Veneziano: *(steckt zwei Fahrkarten in den Entwerter)* Ecco i biglietti! Voi venite in piazza S. Marco col vaporetto!
Forestiero: Grazie, molto gentile.
Forestiera: Ecco, quattrocento lire.
Veneziano: No, no. Il Vostro primo viaggio sul Canal Grande è gratis!
Forestieri: Ma come sono gentili i veneziani! E com'è bella Venezia!
Veneziano: Grazie! Molto gentili!

Wörter und Wendungen

va a piedi?	gehen Sie zu Fuß?
va in vaporetto?	fahren Sie mit dem Motorboot?
il vaporetto	das Motorboot: das für Venedig typische städtische Verkehrsmittel
il veneziano/ la veneziana	der Venezianer/ die Venezianerin
il forestiero/ la forestiera	der Fremde/ die Fremde
scusi [z]	entschuldigen Sie
ha bisogno [-zoɲo] di qualcosa?	brauchen Sie etwas?
vorrei un'informazione	ich möchte eine Auskunft
andare	gehen/fahren
andare in piazza S. Marco	zum Markusplatz gehen/fahren
S. = santo	heilig
è lontano?	ist es weit?
non è lontano	es ist nicht weit
in dieci [tʃ] minuti arriva in piazza S. Marco	in 10 Minuten erreichen Sie den Markusplatz
circa [tʃ]	ungefähr/etwa
così	so
vediamo	wir sehen
ed	und (vor einem Selbstlaut)
il biglietto [ʎ]	die Fahrkarte/ der Fahrschein
solamente	nur
meraviglioso [ʎ]	herrlich/wunderbar
i biglietti si cọmprano alla biglietterịa	die Fahrkarten kauft man am Fahrkartenschalter

compriamo	wir kaufen
a bordo	an Bord
più caro	teurer (1. Steigerungsstufe)
non capisco	ich verstehe nicht
Lei dove compra il biglietto?	wo kaufen Sie die Fahrkarte?
l'abbonamento	das Abonnement
è più a buon mercato	es ist billiger
allora	dann
deve comprare il biglietto	Sie müssen die Fahrkarte kaufen
dove	wo
blocchetto [k] di biglietti	kleiner Fahrscheinblock
la corsa	die Fahrt
il bar/al bar	die Bar, das Café/ in der Bar, im Café
al caffè	im Café
la tabaccherịa/ alla tabaccheria [k]	der Tabakladen/ im Tabakladen
il pontile	der Abfahrtssteg
alcuni	einige
arrivare	ankommen/ erreichen
col	zusammengezogen aus *con* + *il*
il primo viaggio [dʒ]	die erste Reise
gratis	kostenlos, umsonst
ma come sono gentili [dʒ] i veneziani!	aber wie freundlich die Venezianer sind!
com'è bella Venezia!	wie schön ist Venedig!

Übungen

1. Vervollständigen Sie den Satz nach folgendem Muster:

andare:

Il forestiero . . . in piazza S. Marco a piedi.
Il forestiero va in piazza S. Marco a piedi.

Noi . . . in vaporetto.

Io . . . al mercato di Rialto.

Marina . . . . (ist gegangen) alla biglietteria.

Bruno . . . . (ist gegangen) alla tabaccheria.

venire:

La signora . . . a piedi.

La forestiera . . . . (ist gekommen) in vaporetto.

Il forestiero . . . . (ist gekommen) in gondola.

Quando . . . (du)?

Non . . . (ich), ho l'influenza.

2. Bilden Sie Sätze nach folgendem Muster:
Dove si compra il biglietto?

. . . . i biglietti?

. . . . le sigarette?

. . . . il giornale?

. . . . la frutta?

. . . . le arance?

3. Hören Sie, wenn möglich mit Partner, mehrmals die Unterhaltung am Abfahrtssteg und versuchen Sie den Text laut zu wiederholen, ohne ins Buch zu schauen.

LEKTION 6

Ripetizione — Wiederholung

Was wird wiederholt?

Heute wollen wir üben, was Sie bis jetzt gelernt haben. Ein italienisches Sprichwort sagt *La pratica vale più della grammatica*, was auf deutsch ungefähr heißt *Übung macht den Meister!*

1. Hören Sie sich auf der Cassette den Dialog 1 der ersten Lektion an. Sie suchen anstatt eines Hotels (= **un** *albergo*) eine Pension (= **una** *pensione*). Ändern Sie bitte den Text dementsprechend:

Per favore, c'è un albergo qui vicino?

. . . .

Un albergo tranquillo con bella vista.

. . . .

Qui vicino c'è l'albergo Goldoni.

. . . .

L'albergo Goldoni non è tranquillo.

. . . .

Ma l'albergo Goldoni è tranquillo o no?

. . . .

2. Hören Sie den Dialog 2 der Lektion 1. Sie übernehmen jetzt die Rolle des Gastes in dem Gespräch mit dem Hotelportier. Antworten Sie bitte laut.

Der Gast betritt das Hotel. Was sagt der Portier zu ihm?

....

Was für ein Zimmer möchten Sie?

....

Ist das Zimmer Nr. 3 in Ordnung?

....

Möchten Sie ein Zimmer mit Dusche?

....

Das Zimmer Nr. 7 ist mit Dusche und Balkon?

....

Ist das Zimmer 7 in Ordnung?

....

Ist das Zimmer Nr. 10 frei?

....

Was sagt dann der Gast zum Portier?

....

3. Bilden Sie die Verneinungsform nach folgendem Muster:
L'albergo è tranquillo. – L'albergo non è tranquillo.

C'è un albergo qui vicino ....

La camera numero sette ha il balcone ....

Sul Canal Grande c'è molto traffico ....

C'è una camera a un letto? ....

La camera numero tre è libera ....

4. Setzen Sie die besitzanzeigenden Fürwörter nach den folgenden Beispielen ein:

(dein) ...... amico – il tuo amico
(deine) ..... amica – la tua amica
(sein) ...... valigia – la sua valigia
(ihr) .... valigia – la sua valigia

(euer) ...... Haus ......
(Ihr) .... Hotel ......
(unser) ..... Boot ......
(mein) ..... Gast ......
(eure) ...... Gastfreundschaft ......
(meine) ..... Mutter ....
(seine) ..... Schwiegermutter ......
(ihre) ...... Schwiegermutter ......
(sein) ...... Badezimmer ....
(ihr) .... Sohn ....

5. Übersetzen Sie:

Marina, komm her! Giovanni, unser Malerfreund, ist da! Welche Überraschung, lieber Giovanni! Giovanni ist unser Gast, nicht wahr, Marina? Sicher. Das Gastzimmer ist frei. Ich möchte nicht stören. Aber ich bitte dich, Giovanni. Es ist uns ein Vergnügen. So, das ist dein Zimmer. Es ist schön. Es hat (c'è) auch einen Balkon und eine herrliche Aussicht über Venedig. Es ist ein ruhiges Zimmer. Ja, es ist sehr ruhig. Es ist sehr schön, danke. Auf dein Wohl, Giovanni! Auf eure Gastfreundschaft! Prost!

6. Bilden Sie die Mehrzahl:

La signorina è gentile. L'amico pittore è a Venezia. Il pesce è caro. Il limone ha la vitamina „C". La ricetta è buonissima. Un'alga marina della Cina. La ricetta cinese è buona. Lo spicchio d'aglio. L'arancia è dolce (süß). L'asparago è fresco. Il pesce è vivo, vivissimo.

7. Lesen Sie mehrmals den Dialog 1 der Lektion 4 und achten Sie auf die Mehrzahlbildung. Vergleichen Sie dann Ihre Aussprache mit dem gesprochenen Text auf der Cassette!

8. Come **va** con la lingua italiana?
Wie **geht es** mit der italienischen Sprache?
Bene, benissimo!
Um schneller voranzukommen, üben Sie bitte gut *andare* und *venire*!
(s. Lektion 5)

9. Übersetzen Sie:
Ich möchte zu Fuß zum Markusplatz gehen. Ist es weit? Nein, es ist nicht weit. In 10 Minuten erreichen Sie den Markusplatz. Danke, sehr freundlich. Bitte. Wieviel kostet die Fahrkarte für das Motorboot? Nur 200 Lire. Ausgezeichnet. Wo kauft man die Fahrkarte? Am Fahrkartenschalter, in der Bar oder im Tabakgeschäft. Das Motorboot kommt an. Wir gehen zum Markusplatz zu Fuß, wir haben keine Fahrkarte. Hier, die Fahrkarten! Danke, sehr freundlich. Hier, 400 Lire. Nein, Ihre erste Reise auf dem Canal Grande ist umsonst. Aber wie freundlich sind die Venezianer! Und wie schön ist Venedig! Danke, sehr freundlich!

LEKTION 7

Andiamo a Napoli in aereo

Was wird gelernt?

andare a Napoli — andare in Italia
perchè — non . . . niente

Antonio:	Domani andiamo a Napoli.	*Antonio:*	Morgen fahren wir nach Neapel.
Marco:	Voi andate a Napoli. Io resto a casa.	*Marco:*	Ihr fahrt nach Neapel. Ich bleibe zu Hause.
Antonio:	No, vieni anche tu.	*Antonio:*	Nein, du kommst auch mit.
Marco:	Perchè?	*Marco:*	Warum?
Antonio:	Perchè Gigi è ammalato.	*Antonio:*	Weil Gigi krank ist.
Marina:	Andate in treno o in pullman?	*Marina:*	Fahrt ihr mit dem Zug oder mit dem Omnibus?
Marco:	Andiamo in aereo.	*Marco:*	Wir fliegen.

So wird's verständlich:

a: andare a = fahren/gehen nach (bei Städtenamen)

vado a Napoli
vado a Rimini
vado a Monaco di Baviera München
vado a Zurigo Zürich
vado a casa ich gehe nach Hause
vado a teatro ich gehe ins Theater
vado a scuola ich gehe zur Schule/in die Schule

Das Verhältniswort *a* wird mit dem bestimmten Geschlechtswort verschmolzen:

a + il → **al**	a + i → **ai**
a + lo → **allo**	a + gli → **agli**
a + la → **alla**	a + le → **alle**
a + l' → **all'**	

vado al mercato
vado al cinema ins Kino
siamo all'albergo Goldoni
wir sind im Hotel Goldoni

in: andare in = fahren/gehen nach (bei Ländernamen)

vado in Italia
vado in Germania Deutschland
vado in Austria Österreich
vado in Svizzera Schweiz
vado in America Amerika
vado in Cina China
vado in bicicletta ich fahre mit dem Fahrrad, *in treno* mit dem Zug, *in aereo* mit dem Flugzeug, *in pullman* mit dem Omnibus
vado in chiesa ich gehe zur Kirche, *in montagna* in die Berge

Auch *in* wird mit dem Geschlechtswort verschmolzen:

in + il → **nel**	in + i → **nei**
in + lo → **nello**	in + gli → **negli**
in + la → **nella**	in + le → **nelle**
in + l' → **nell'**	

nel cassetto in der Schublade
nell'armadio im Schrank
nella valigia im Koffer
nelle vetrine in den Schaufenstern
negli alberghi in den Hotels

perchè = weil/warum

Perchè Leonardo non va a Napoli?	Warum fährt Leonardo nicht nach Neapel?
Perchè è ammalato.	Weil er krank ist.

nichts wird im Italienischen mit der doppelten Verneinung wiedergegeben: **non . . . niente**

Suo marito **non** *paga* **niente**	Ihr Mann zahlt nichts
io **non** *ho* **niente**	ich habe nichts

Dialog 1: Andiamo a Napoli in aereo

Der dreizehnjährige Antonio kommt ganz aufgeregt zu seinem Schulfreund Marco. Marco soll für den erkrankten Libero der Fußballmannschaft der Schule einspringen.

Antonio: (*kommt wie ein Blitz hereingeschossen*) Buon giorno, signora. C'è Marco?
Marina: Ciao, Antonio. Sì, Marco è nella sua camera.
Antonio: Grazie, signora.
Marina: Marco, Marco, c'è Antonio.
Antonio: (*zu Marina*) In camera sua non c'è.
Marina: Marco, dove sei?
Marco: Sono qui. Nello studio di papà.
Antonio: (*rennt hinein*) Andiamo a Napoli! Andiamo a Napoli!
Marina: Andate a Napoli?
Marco: Voi andate a Napoli. Io resto a casa.
Antonio: Ma no! Vieni anche tu!
Marco: Perchè?
Antonio: Perchè Gigi è ammalato, ha la febbre.
Marco: (*springt auf*) Gigi è ammalato? Fantastico!
Antonio: Sì, è ammalato, non può giocare.
Marco: Gioco io al suo posto?
Antonio: Certamente, tu sei il nostro libero di riserva.
Marco: Io sono il grande Rivera!
Antonio: E io sono Paolo Rossi!
Marina: (*kommt hinzu*) Che cosa c'è ragazzi?
Marco: Mamma, domani andiamo a Napoli con la squadra di calcio!

Marina: Vai a Napoli? Andate a Napoli?
Antonio: Abbiamo una partita di calcio molto importante!
Marco: La finale del campionato delle scuole medie.
Marina: Chi viene con voi?
Marco: Viene l'allenatore.
Marina: Andate in treno o in pullman?
Antonio: Andiamo in aereo, naturalmente!
Marina: E chi paga il viaggio?
Antonio: Il ministro dello sport!
Marina: Il ministro dello sport o il ministro della famiglia Nogara!
Antonio: No, signora. Suo marito non paga niente.
Marina: Mio marito non paga niente? Meno male!

Wörter und Wendungen

andiamo a Nạpoli	wir fahren nach Neapel
in aẹreo	mit dem Flugzeug
nella sua cạmera	in seinem Zimmer
nello studio	im Arbeitszimmer/im Atelier
il papà	der Papa/Papi
ịo resto a casa	ich bleibe zu Hause
vieni anche tu	du kommst auch mit/komm auch mit!
perchè [-kɛ]	warum/weil

Gigi è ammalato	Gigi ist krank
fantạstico!	phantastisch/ prima!
giocare [dʒ]	spielen
non può giocare	er kann nicht spielen
gioco io al suo posto?	spiele ich an seiner Stelle?
il lịbero di riserva	der Ersatzlibero
Rivera Gianni [dʒ]	berühmter Fußballer, als Libero bei Milan AC
Pạolo Rossi	neues Fußballidol Italiens
che cosa c'è ragazzi?	was ist los, Jungs?
la squadra di calcio [tʃ]	die Fußballmannschaft
una partita di calcio	ein Fußballspiel
molto importante	sehr wichtig
la finale	das Endspiel
del campionato delle scuole medie	der Meisterschaft der Mittelschulen
chi viene con voi?	wer kommt mit euch?
l'allenatore (m)	der Trainer
il pullman	der Reisebus/ Omnibus
andiamo in aẹreo	wie fliegen (wörtl. wir fahren mit dem Flugzeug)
naturalmente	natürlich
chi paga il viaggio? [dʒ]	wer zahlt die Reise?
pagare	zahlen, bezahlen
il ministro dello sport	der Sportminister
il ministro della famiglia [ʎ]	der Familienminister
Suo marito non paga niente	Ihr Mann zahlt nichts
il marito	der Ehemann
meno male!	Gott sei Dank!/ zum Glück!

Dialog 2: Dov'è la mia valigia?

Marco wird vom Reisefieber gepackt.

Marco: Mamma, dov'è la mia valigia?
Marina: È nell'armadio in guardaroba.
Marco: Dov'è il mio pigiama azzurro?
Marina: È nel secondo cassetto.
Marco: *(sucht in der Schublade)* Nel secondo cassetto non c'è! Mamma, vieni. Dove sei?
Marina: Sono in cucina. Aspetta un momento!
Marco: Mamma, quante mutande metto nella valigia?
Marina: Aspetta un momento, per favore!
Marco: Quante calze? Quante camice?
Marina: *(kommt wütend ins Zimmer)* Quante calze, quante camice! Come sei noioso, Marco!

Marco: *(umarmt sie und hebt sie hoch)* Vado a Napoli! Vado a Napoli!

Bruno, der Vater, ist nach Hausegekommen.

Maroc: Papà, domani vado a Napoli.

Bruno: Vai a Napoli? Perchè?

Marco: Perchè c'è la finale del campionato di calcio.

Bruno: Andate in treno?

Marco: No, andiamo in aereo.

Bruno: In aereo? Domani?

Marco: Sì, domani.

Bruno: Domani gli aerei non volano.

Marco: Perchè?

Bruno: Perchè c'è sciopero.

Marco: *(läßt sich auf einen Stuhl fallen)* C'è sciopero?!

Bruno: Sì, c'è sciopero del personale di bordo.

Marco: Maledetti questi scioperi! Maledetti!

Wörter und Wendungen

nell'armadio	im Schrank
il guardaroba	die Garderobe
il pigiama [dʒ] azzurro [addz-]	der blaue Schlafanzug
il cassetto	die Schublade
secondo	zweiter
la cucina [tʃ]	die Küche
in cucina	in der Küche
aspetta un momento	warte einen Augenblick
quanto	wieviel
le mutande	die Unterhosen
metto nella valigia [dʒ]	ich lege in den Koffer
le calze	die Socken/die Strümpfe
la camicia [tʃ]	das Hemd
noioso	lästig
l'aẹreo	das Flugzeug
volare/vọlano	fliegen/sie fliegen
lo sciọpero [ʃ]	der Streik
del personale di bordo	des Bordpersonals
maledetto!	verdammt!
maledetti questi scioperi!	diese verdammten Streiks!

Übungen

Antworten Sie mit dem passenden Verhältniswort:

Zu Dialog 1

Marco è nella sua camera? . . . .

Dove vanno Marco e Antonio? . . . .

Vanno in treno? . . . .

Perchè vanno a Napoli? . . . .

Chi paga il viaggio? . . . .

Zu Dialog 2

Dov'è la valigia di Marco? . . . .

Dov'è il suo pigiama? . . . .

Dov'è Marina? . . . .

Perchè non volano gli aerei? . . . .

LEKTION 8

Per pagare e morire c'è sempre tempo!

Was wird gelernt?

comprare — vendere — partire
il vetro di Murano
Ordnungszahlen

Roberto: Parti?	*Roberto:* Fährst du weg?
Bruno: Sì, parto per Firenze. Devo correre, il treno parte fra venti minuti.	*Bruno:* Ja, ich fahre nach Florenz. Ich muß eilen, der Zug fährt in 20 Minuten ab.
Roberto: Vorrei comprare un gioiello antico.	*Roberto:* Ich möchte ein altes Schmuckstück kaufen.
Bruno: Io devo partire! C'è Giovanni, oggi vende lui!	*Bruno:* Ich muß abfahren! Giovanni ist da, heute verkauft er!

So wird's verständlich:

comprare kaufen **vendere** verkaufen **partire** abfahren

Die italienischen Zeitwörter enden auf **-are, -ere** oder **-ire.**
Wir wollen sie jetzt in der Gegenwart beugen. Wir hängen an den Stamm folgende Endungen an:

compr-are kaufen	**vend**-ere verkaufen
io compr**o**	io vend**o**
tu compr**i**	tu vend**i**
lui/lei compr**a**	lui/lei vend**e**
noi compr**iamo**	noi vend**iamo**
voi compr**ate**	voi vend**ete**
loro cọmpr**ano**	loro vẹnd**ono**
io ho compr**ato** ich habe gekauft	io ho vend**uto** ich habe verkauft

part-ire abreisen	
io part**o**	noi part**iamo**
tu part**i**	voi part**ite**
lui/lei part**e**	loro pạrt**ono**
io sono part**ito** ich bin abgereist (wenn ein Mann spricht)	
io sono part**ita** (wenn eine Frau spricht)	

So werden die regelmäßigen Zeitwörter gebeugt. Die gebräuchlichsten Zeitwörter, die von diesem Modell abweichen, werden wir von Mal zu Mal zusammen üben. Zwei davon kennen Sie schon: *andare – venire*

di: *le perle* **di** *vetro* — die Glasperlen
il vetro **di** *Murano* — das Muranoglas
d'*oro* – **d'***argento* — aus Gold – aus Silber, golden – silbern

Das Verhältniswort *di* wird u. a. gebraucht, um den Stoff zu bezeichnen, aus dem etwas gemacht ist.

Ordnungszahlen

primo	1.	undicẹsimo	11.
secondo	2.	dodicẹsimo	12.
terzo	3.	tredicẹsimo	13.
quarto	4.	diciassettẹsimo	17.
quinto	5.	diciottẹsimo	18.
sesto	6.	ventẹsimo	20.
sẹttimo	7.	trentaduẹsimo	32.
ottavo	8.	centẹsimo	100.
nono	9.	millẹsimo	1000.
dẹcimo	10.	milionẹsimo	1000000.

Die Ordnungszahlen haben auch eine weibliche Form: *la prima, la seconda, la decima* usw.

Von elf ab werden die Ordnungszahlen durch Anhängen der Endung -**ẹsimo** an die Grundzahl gebildet: *undicesimo – ventesimo* usw.

Um ein Jahrhundert zu bezeichnen, gibt es im Italienischen zwei Möglichkeiten:

1. *il ventesimo secolo* das 20. Jahrhundert
2. *il Novecento* das 20. Jahrhundert

Bei der zweiten Möglichkeit will man die Eigenschaft oder die besonderen Merkmale eines Jahrhunderts ausdrücken, z. B.:

L'Ottocento è il secolo del melodramma italiano

Das 19. Jahrhundert ist das Jahrhundert der italienischen Oper

Dialog 1: Per pagare e morire c'è sempre tempo!

Bruno, der Antiquitätenhändler ist, muß zu einer Messe nach Florenz fahren. Giovanni vertritt ihn im Geschäft.

Roberto: Ciao Bruno, parti?
Bruno: Sì, parto per Firenze. C'è una fiera dell'antiquariato.
Roberto: Vai a comprare o vai a vendere?
Bruno: Vado a comprare cose antiche. Devo correre, il treno parte!
Roberto: Chi c'è in negozio?
Bruno: C'è Giovanni, oggi vende lui le antichità.
Roberto: Ciao, Giovanni.
Giovanni: Ciao, Roberto.
Roberto: Vorrei comprare un gioiello antico.
Giovanni: Per te?
Roberto: No, non per me, per Anna.
Giovanni: Ah, per tua figlia!
Roberto: Che cosa mi consigli?
Giovanni: Ecco: ci sono gioielli d'oro, gioielli d'argento . . . d'avorio.
Roberto: Che cosa mi consigli?
Giovanni: Guarda! Ti consiglio questa collana.
Roberto: È di vetro?
Giovanni: È una collana di perle di vetro di Murano.
Roberto: È antica?
Giovanni: Sì, le perle sono dell'Ottocento. Oggi lavorano diversamente.

Roberto: È bella, compro la collana per Anna. Quanto costa?
Giovanni: Non parliamo del prezzo adesso.
Roberto: Perchè?
Giovanni: Parli con Bruno quando ritorna da Firenze.
Roberto: Vorrei pagare subito.
Giovanni: No, per pagare e morire c'è sempre tempo!
Roberto: Va bene.
Giovanni: Tanti saluti ad Anna, Roberto.
Roberto: Grazie, Giovanni.

Wörter und Wendungen

per pagare e morire c'è sempre tempo! (proverbio/Sprichwort)
zum Zahlen und zum Sterben reicht die Zeit immer noch aus!

partire per	abfahren nach	correre	laufen/eilen
Firenze (w)	Florenz	chi c'è in negozio?	wer ist im Geschäft?
fra	in	oggi [dʒ]	heute
una fiera dell'antiquariato	eine Antiquitätenmesse	le antichità	die Antiquitäten
vai a comprare?	fährst du um einzukaufen?	un gioiello [dʒ]	ein Schmuckstück
		per te	für dich
la cosa	die Sache/der Gegenstand	non per me, per Anna	nicht für mich, für Anna
antico	alt/antik		

che cosa mi consigli? [ʎ]	was/wozu rätst du mir?
d'avorio	aus Elfenbein/elfenbeinern
guardare	schauen
ti consiglio questa	ich rate dir zu dieser
la collana	die Halskette
la collana di perle	die Perlenkette
dell'Ottocento [tʃ]	des 19. Jahrhunderts/aus dem 19. Jh.
lavorare	arbeiten/verarbeiten
diversamente	anders
non parliamo del prezzo	sprechen wir nicht über den Preis
adesso	jetzt
ritornare da	zurückkehren von/aus
da	bei/durch/aus/von
pagare	bezahlen
sụbito	sofort
tanti saluti a	viele Grüße an

Dialog 2: La vanità argentata

Während Giovanni auf Kunden wartet, malt er ein Stilleben: zwei silberne Pfauen vor einem Spiegel glänzen im Kerzenlicht, daneben ein Elfenbeinfächer, der auf einer ledernen Karnevalsmaske liegt. Die Ladentür geht auf. Eine schöne Frau tritt ein.

Signora: Non c'è nessuno?

Keine Antwort

Signora: Non c'è nessuno?

Giovanni: *(an der Staffelei)* Avanti!

Signora: Vorrei guardare un po'.

Giovanni: *(malt weiter)* Prego.

Signora: *(sieht ihn malen)* Oh! Disturbo.

Giovanni: *(sieht die schöne Frau)* No, signora, non disturba . . .

Signora: Che cosa dipinge?

Giovanni: Una natura morta: la vanità!

Signora: La vanità?

Giovanni: La vanità: i due pavoni d'argento allo specchio . . . la luce di candela, il ventaglio d'avorio . . .

Signora: *(zieht die Maske vor ihr Gesicht)* . . . e la maschera antica del carnevale di Venezia . . .

Giovanni legt eine kostbare alte Silberkette um ihren Hals und stellt sie vor den Spiegel neben die Pfauen.

Giovanni: Ecco, signora, così . . .

Signora: Dipinge anche me?
Giovanni: Sì, ecco la vanità argentata!
Signora: La vanità argentata? Sono io la vanità argentata?
Giovanni: Sì. Tutte le donne belle sono vanitose . . .
Signora: *(schaut das Bild an)* È molto bello. Vorrei avere questo quadro per ricordare Venezia . . .
Giovanni: Lei non è di Venezia?
Signora: No, non sono di Venezia. Parto questa sera!
Giovanni: *(gibt ihr einen Handkuß)* No, questa sera non parte, il quadro non è finito . . .
Signora: *(stellt sich wieder vor den Spiegel)* Sì, sono veramente la vanità argentata . . . Finiamo il quadro. Parto domani . . .

Wörter und Wendungen

la vanità	die Eitelkeit/die Koketterie
argentato [dʒ]	versilbert
l'argento [dʒ]	das Silber
non c'è nessuno?	ist niemand da?
vorrei guardare un po'	ich möchte ein bißchen schauen
disturbare	stören
dipingere [dʒ]	malen
una natura morta	ein Stilleben
il pavone	der Pfau
allo specchio [-kio]	im Spiegel
la luce [tʃ] di candela	das Kerzenlicht

il ventaglio [ʎ] d'avorio	der Elfenbeinfächer	vanitoso	eitel/kokett
la maschera [k]	die Maske	ricordare	sich erinnern an/ denken an
il carnevale di Venezia	der venezianische Karneval	non è di Venezia?	sind Sie nicht aus Venedig?
dipinge [dʒ] anche me?	malen Sie mich auch?	questa sera	heute abend
		veramente	wirklich
tutte le donne belle	alle schönen Frauen	finire/finiamo	beenden/ beenden wir

Übungen

1. Bilden Sie die Mehrzahl nach folgendem Muster:
   tu compri il pavone argentato – **voi** comprate il pavone argentato
   Lei parla italiano? Quando parti per Firenze? Non vende la collana di perle. Domani compro il ventaglio d'avorio. Dipingo una natura morta. Parti per Roma o per Napoli? Non parto per Roma, parto per Napoli. Vieni, non disturbi. Quando vai in albergo? Vado in albergo fra dieci minuti.

2. Übersetzen Sie:
   Ich möchte ein altes Schmuckstück kaufen. Für dich? Nein, für meine Tochter Anna. Was rätst du mir? Ich rate dir zu dieser Kette. Ist sie aus Glas? Ja, es ist eine Perlenkette aus Muranoglas. Ist sie antik? Ja, die Perlen sind vom 19. Jahrhundert. Sie ist schön. Ich kaufe die Kette für Anna. Wieviel kostet sie? Sprechen wir jetzt nicht über den Preis. Zum Zahlen und zum Sterben reicht die Zeit immer noch aus!

LEKTION 9

L'appuntamento

Was wird gelernt?

che ora è? — è l'una
che ore sono? — sono le sei
Mila è venuta — Mario è venuto

Mario:	Cameriere, che ore sono per favore?	*Mario:*	Herr Ober, wie spät ist es bitte?
Cameriere:	Sono le sei e mezza.	*Ober:*	Es ist halb sieben.
Mario:	Sono già le sei e mezza?	*Mario:*	Ist es schon halb sieben?
Cameriere:	Sì, sono le sei e trentadue in punto.	*Ober:*	Ja, es ist Punkt sechs Uhr zweiunddreißig.
Mario:	Cameriere, quando chiude il negozio Bianchini?	*Mario:*	Herr Ober, wann schließt das Geschäft Bianchini?
Cameriere:	Chiude alle sette e mezza o alle otto.	*Ober:*	Es schließt um halb acht oder um acht.
Mario:	Grazie. Scusi è venuta una signora bionda alle sei?	*Mario:*	Danke. Entschuldigen Sie, ist um sechs Uhr eine blonde Dame gekommen?
Cameriere:	Non ho visto una signora bionda alle sei.	*Ober:*	Ich habe um sechs Uhr keine blonde Dame gesehen.

So wird's verständlich:

che ore sono? wie spät ist es?
sono le sei es ist sechs Uhr

Bei der Zeitangabe wird im Italienischen das Wort *ora* = Stunde nur bei der Frage nach der Uhrzeit genannt: *che ora è – che ore sono*. Bei der Antwort dagegen sagt man einfach *la* bzw. *le:*

che ora è?	*è* **l'***una*	es ist ein Uhr
	è **l'***una e dieci*	es ist zehn nach eins
che ore sono?	*sono* **le** *sei*	es ist sechs Uhr
	sono **le** *sei e mezza*	es ist halb sieben

Wie Sie sehen, gibt man im Italienischen zuerst die Stunde und dann die Minuten an.

che ore sono?	wie spät ist es?
sono le tre	es ist drei Uhr
sono le tre e cinque	es ist 5 nach drei
sono le tre e dieci	es ist 10 nach drei
sono le tre e un quarto	es ist (ein) Viertel nach drei
sono le tre e venti	es ist 20 nach drei
sono le tre e venticinque	es ist 25 nach drei oder 5 vor halb vier
sono le tre e mezza	es ist halb vier
sono le quattro meno venticinque	es ist 25 vor vier oder 5 nach halb vier
sono le quattro meno venti	es ist 20 vor vier
sono le quattro meno un quarto	es ist (ein) Viertel vor vier
sono le quattro meno dieci	es ist 10 vor vier
sono le quattro meno cinque	es ist 5 vor vier
sono le quattro	es ist vier Uhr

alle = um **dalle** . . . **alle** = von . . . bis
a che ora? = um wieviel Uhr?

Quando parte il treno?	Wann fährt der Zug ab?
Il treno parte alle sette.	Der Zug fährt um 7 Uhr ab.
Quando è aperto il negozio?	Wann ist das Geschäft geöffnet?
Il negozio è aperto dalle nove alle dodici.	Das Geschäft ist von 9 bis 12 Uhr geöffnet.
A che ora arriva Piero?	Um wieviel Uhr kommt Piero an?
Arriva alle diciotto.	Er kommt um 18 Uhr an.

In der **offiziellen Zeitansage** tritt das Wort *ora* auf:

sono le ore venti	*il treno parte alle ore undici e diciotto*
es ist 20 Uhr	der Zug fährt um 11 Uhr 18 ab

Attenzione! Importante!

Mila è *venuta al caffè*	**Mario è** *venuto al caffè*
Mila e Pina sono *venute al caffè*	**Mario e Pino sono** *venuti al caffè*

Haben Sie es gemerkt? Wird die vollendete Gegenwart mit dem Hilfszeitwort *essere* = sein gebildet, richtet sich das Mittelwort der Vergangenheit in Geschlecht und Zahl nach dem Satzgegenstand (Subjekt).

dagegen:

Il cameriere **ha visto** *la signora*	Der Kellner hat die Dame gesehen
La signora **ha visto** *il cameriere*	Die Dame hat den Kellner gesehen

Wird die vollendete Gegenwart mit dem Hilfszeitwort *avere* = haben gebildet, richtet sich das Mittelwort der Vergangenheit nicht nach dem Satzgegenstand, sondern ... das erfahren Sie schon früh genug!

Mila **è venuta** *al caffè*	Mila **ist** in das Café **gekommen**
il cameriere **ha visto** *la signora*	Der Kellner **hat** die Dame **gesehen**
la signora **non ha visto** *Mario*	Die Dame **hat** Mario **nicht gesehen**

Im Gegensatz zum Deutschen, wo **das Mittelwort der Vergangenheit** am Ende des Satzes steht, **folgt** es **im Italienischen unmittelbar dem Hilfszeitwort.**

Wie Sie schon wissen, bilden die regelmäßigen Zeitwörter das Mittelwort der Vergangenheit wie folgt:

-are → -ato	comprare – comprato
-ere → -uto	vendere – venduto
-ire → -ito	partire – partito

Dialog: Che ore sono, per favore?

Mila und Mario wollen sich auf dem Campo S. Polo zu einem Aperitif treffen. Mario sitzt schon draußen am Kaffeetisch und wartet auf Mila.

Mario: Cameriere, che ore sono per favore?
Cameriere: Sono le sei e mezza.
Mario: Sono già le sei e mezza?
Cameriere: Sono le sei e trentadue minuti in punto.

Mario: (*zu sich selber*) Mamma mia, sono in ritardo!
Cameriere: Come?
Mario: Ho detto che sono in ritardo.
Cameriere: In ritardo? Non è in ritardo, signore.
Mario: Sono le sei e mezza, sono in ritardo!
Cameriere: Questa è l'ora giusta per l'aperitivo.
Mario: Sì, per l'aperitivo è l'ora giusta. Un Campari per favore.
Cameriere: Ecco, signore, il Campari. Con il ghiaccio o senza?
Mario: Con un po' di ghiaccio, grazie.
Vom Glockenturm schlägt es Viertel vor sieben.
Mario: Sono già le sette meno un quarto?
Cameriere: Sì, sono le sette meno un quarto.
Mario: Ho un appuntamento, ma ho dimenticato a che ora!
Cameriere: Ho capito!
Mario: Non ha visto una signora bionda con un cane?
Cameriere: No, non ho visto una signora bionda con un cane.

Mario: Alle sei è venuta una signora bionda con un cane nero?
Cameriere: Sì, è venuta una signora con un cane. Alle cinque.
Mario: Alle cinque è venuta, non alle sei?
Cameriere: Sì, è venuta alle cinque e ha bevuto un caffè.
Mario: No, no. Non può essere la mia amica. Alle cinque non beve mai caffè. Mi fa un favore?
Cameriere: Certamente, signore.
Mario: Io devo andare via. Devo andare in farmacia.
Cameriere: Va bene, signore.
Mario: Può dire alla mia amica che sono in farmacia?
Cameriere: A che ora viene la Sua amica?
Mario: Non so. Dica alla mia amica che sono andato in farmacia.
Cameriere: E la signora deve venire in farmacia?
Mario: Sì, certo. Ha capito? La mia amica è una signora bionda . . .
Cameriere: . . . con un cagnolino nero. Ho capito.
Wenig später: die Apotheke ist von blonden Damen mit Hund überfüllt.

Farmacista: È vietato entrare con i cani in farmacia! Non avete letto il cartello?

Mario geht schnell hinaus, die Damen folgen ihm.

Cameriere: È venuta la Sua amica in farmacia?

Mario: Come si permette di scherzare con me!

Cameriere: Non ho scherzato. Ho mandato le signore bionde con il cane nero in farmacia!

Wörter und Wendungen

il cameriere	der Kellner
già [dʒa]	schon
in punto	Punkt (bei Zeitangaben)
sono in ritardo	ich bin spät dran/ ich habe mich verspätet
come	wie
dire/ho detto	sagen/ich habe gesagt
che [ke]	daß
l'ora giusta [dʒ]	die richtige Zeit
l'aperitivo	der Aperitif
il ghiaccio [gi'attʃo]	das Eis
con/senza	mit/ohne
un po' di	ein bißchen/ein wenig/etwas
un appuntamento	eine Verabredung
dimenticare/ho dimenticato	vergessen/ich habe vergessen
capire/ho capito	verstehen/ich habe verstanden
vedere/ho visto	sehen/ich habe gesehen
biondo	blond
un cane nero	ein schwarzer Hund
bere/ho bevuto	trinken/ich habe getrunken
il caffè	der Kaffee
non ... mai	nie
mi fa un favore?	tun Sie mir einen Gefallen?
devo andare via	ich muß weggehen
in farmacịa [tʃ]	zur/in die/in der Apotheke
può	er kann/Sie können
dica alla mia amica che	sagen Sie meiner Freundin, daß
certo	sicher/gewiß
il cagnolino [ɲ]	das Hündchen
nero	schwarz
il farmacista [tʃ]	der Apotheker
è vietato/vietato entrare	es ist verboten/ Eintritt verboten
il cartello	das Schild
lẹggere [dʒ]/letto	lesen/gelesen
portare	bringen/mitbringen
come si permette di scherzare con me!	wie können Sie sich erlauben, mit mir zu scherzen!
scherzare/ho scherzato	scherzen/ich habe gescherzt
mandare	schicken

Übungen

1. Che ore sono?

sono le due

Che ore sono?

. . . .

Che ore sono?

. . . .

Che ore sono?

. . . .

Che ore sono?

. . . .

Che ore sono?

. . . .

2. Übersetzen Sie:

   Ist es die richtige Zeit zum Aperitif? Ja, es ist die richtige Zeit. Ist Mila in das Café gekommen? Nein, sie ist nicht gekommen, sie ist spät dran. Um wieviel Uhr kommt sie? Ich weiß es nicht. Tun Sie mir einen Gefallen? Sicher. Sagen Sie (dica) Mila, daß wir in die Apotheke gegangen sind. Schon gut, Sie sind in die Apotheke gegangen (Mehrzahl).

   Vergessen Sie bitte nicht, den Dialog auf der Cassette zu hören!

LEKTION 10

Sulla spiaggia

Was wird gelernt?

Vorrei l'ombrellone — lo porto subito
Vorrei una sedia a sdraio — la porto subito
potere — stare

Zia Luisa:	Vorrei l'ombrellone, per favore.	*Tante Luisa:*	Ich möchte den Sonnenschirm, bitte.
Bagnino:	Lo porto subito.	*Bademeister:*	Ich bringe ihn gleich.
Zia Luisa:	Vorrei anche una sedia a sdraio.	*Tante Luisa:*	Ich möchte auch einen Liegestuhl.
Bagnino:	Va bene. La porto subito.	*Bademeister:*	In Ordnung. Ich bringe ihn gleich.
Zia Luisa:	Non c'è nessuno oggi?	*Tante Luisa:*	Ist heute niemand da?
Bagnino:	Sono tutti a mangiare.	*Bademeister:*	Sie sind alle beim Essen.
Zia Luisa:	Benissimo, così posso riposare!	*Tante Luisa:*	Ausgezeichnet, so kann ich ausruhen!
Bagnino:	Non fa ii bagno?	*Bademeister:*	Baden Sie nicht?
Zia Luisa:	No, non posso fare il bagno.	*Tante Luisa:*	Nein, ich darf nicht baden.

So wird's verständlich:

Vorrei l'ombrellone. **Lo** *porto subito.*
Ich möchte den Sonnenschirm. Ich bringe **ihn** gleich.
Vorrei una sedia a sdraio. **La** *porto subito.*
Ich möchte einen Liegestuhl. Ich bringe **ihn** gleich.

lo *porto* ich bringe **ihn** (4. Fall)

Und hier die anderen Formen:

Pierino **mi** *vede*	**mi**	mich
Pierino **ti** *vede*	**ti**	dich
Pierino **la** *vede*	**la**	sie
Pierino **lo** *vede*	**lo**	ihn
io **La** *vedo, signora* / *io* **La** *vedo, signore*	**La**	Sie { (höfliche Anrede m. und w. Einz.)
Pierino **ci** *vede*	**ci**	uns
Pierino **vi** *vede*	**vi**	euch
Pierino **le** *vede*	**le**	sie (w. Mehrz.)
Pierino **li** *vede*	**li**	sie (m. Mehrz.)
io **Le** *vedo, signore*	**Le**	Sie (w. Mehrz.) } höfliche Anrede
io **Li** *vedo, signori*	**Li**	Sie (m. Mehrz.) } höfliche Anrede

Dies sind die unbetonten persönlichen Fürwörter im 4. Fall. Sie werden in der Regel unmittelbar vor das Zeitwort gestellt. Aber nicht immer: *Ẹccolo!* da ist er! *Ẹccomi!* da bin ich!

posso *riposare* — ich **kann** ausruhen
non posso *fare il bagno* — ich **darf** nicht baden

potere können/dürfen

io posso	noi possiamo
tu puoi	voi petete
lui/lei può	loro pọssono
io ho potuto	ich konnte/ich habe gekonnt

come **stai**? — wie geht es dir?
sta *malissimo* — es geht ihm sehr schlecht

stare bleiben/stehen/stehenbleiben/sich befinden

io sto	noi stiamo
tu stai	voi state
lui/lei sta	loro stanno
io sono stato	ich bin geblieben

Dialog 1: Sulla spiaggia sotto l'ombrellone

Tante Luisa, eine liebenswürdige alte Dame, möchte einen ruhigen Tag am Strand verbringen.

Zia Luisa: Bagnino! Bagnino! Dov'è? Non lo vedo. Bagnino!
Bagnino: Eccomi!
Zia Luisa: Buon giorno. Vorrei un ombrellone, per favore.
Bagnino: Lo porto subito.
Zia Luisa: Vorrei anche una sedia a sdraio.
Bagnino: Va bene. La porto subito.
Der Bademeister holt den Schirm und den Liegestuhl.
Zia Luisa: Non c'è nessuno oggi?
Bagnino: È l'ora del pranzo. Sono tutti a mangiare.
Zia Luisa: Benissimo, così posso riposare in pace!
Bagnino: Non fa il bagno?
Zia Luisa: No, non posso fare il bagno.
Bagnino: Dove metto l'ombrellone?
Zia Luisa: Lo mettiamo qui, in riva al mare.
Bagnino: E la sedia a sdraio all'ombra o al sole?
Zia Luisa: La mettiamo all'ombra, al sole fa troppo caldo.
Bagnino: Tutto a posto, signora?
Zia Luisa: *(gibt ihm das Trinkgeld)* Sì, grazie.
Bagnino: Buon riposo, signora.
Zia Luisa: Grazie.

Wörter und Wendungen

sulla spiaggia/ la spiaggia [dʒ]	am Strand/der Strand	in pace [tʃ]	in Frieden/in aller Ruhe
sotto l'ombrellone	unter dem Sonnenschirm	fare il bagno [ɲ]	baden
la zịa	die Tante	mẹttere/ho messo	legen – stellen/ich habe gelegt – gestellt
il bagnino [ɲ]	der Bademeister		
vedere/ho visto	sehen/ich habe gesehen	in riva al mare	am/an das Wasser (wörtl. Meeresufer)
ẹccomi	hier/da bin ich	la riva	das Ufer
portare	bringen	il mare	das Meer
la sẹdia a sdraio [zd]	der Liegestuhl	all'ombra	im/in den Schatten
		al sole	in der/in die Sonne
l'ora del pranzo [-dzo]	die Mittagszeit	fa troppo caldo	es ist zu warm
		tutto a posto?	(ist) alles in Ordnung?
sono tutti a mangiare [dʒ]	sie sind alle beim Essen	buon riposo!	angenehme Ruhe!
riposare	ausruhen		

Dialog 2: Finalmente posso stare in pace!

Der Strand belebt sich. Kinder lärmen und laufen umher. Die Mütter rufen sie vergeblich zu sich. Neben Tante Luisa hören junge Leute laute Musik.

Zia Luisa: *(wird wach)* Potete abbassare la musica?
Ragazza: Va bene così?
Ragazzo: Ma così non la sento più! *(er stellt sie lauter)*
Zia Luisa: Ma io non posso dormire.
Ragazzo: Va bene, andiamo a fare il bagno.
Ragazza: Buon riposo, signora.
Zia Luisa: Grazie, ragazzi.
Tante Luisa macht wieder ein Nickerchen, aber gleich schreckt sie wieder hoch.
Pierino: Cuc-cuc! Eccomi qui! Eccomi qui!
Gianni: *(rennt um Tante Luisas Stuhl herum)* Dove sei? Non ti vedo!
Zia Luisa: Che cosa fai sotto il mio asciugamano?

Pierino: Psst! Sotto l'asciugamano Gianni non mi vede!

Eine junge Mutter kommt mit ihrem kleinen Kind zu Tante Luisa.

Mamma: Signora, mi può fare un favore?

Zia Luisa: Se posso, volentieri.

Mamma: Può guardare un momento il mio bambino?

Zia Luisa: Ma certamente, signora.

Mamma: Vado a fare il bagno. Lui non può venire in acqua.

Das Kind schreit wie am Spieß.

Bambino: La mamma . . . dov'è la mamma . . .

Zia Luisa: Eccola, la vedi? È andata a fare il bagno . . . Eccola . . .

Ragazza: Ha potuto dormire bene?

Zia Luisa: Non ho potuto dormire due minuti!

Ein Ruderboot legt am Strand an.

Francesco: Zia Luisa . . . Zia Luisa . . .

Zia Luisa: Chi mi chiama? . . .

Francesco: Sono io, Francesco!

Zia Luisa: Dove sei? Non ti vedo!

Francesco: Eccomi! Sono qui. Vieni in barca?

Zia Luisa: Sì, sì, vengo, vengo subito.

Das Wasser plätschert unter dem Boot. Der Lärm des Strandes ist weit weg.

Zia Luisa: Oh! Finalmente posso stare in pace!

Wörter und Wendungen

finalmente	endlich	che cosa fai	was machst du
stare in pace [tʃ]	Ruhe haben, die Ruhe genießen	se posso, volentieri	wenn ich kann, gerne
abbassare	leiser stellen (Radio)	guardare	schauen/hier: aufpassen auf
la mụsica	die Musik	il bambino	das Kind
il ragazzo/la ragazza	der Junge/das Mädchen	certamente	gewiß/sicher
		l'acqua	das Wasser
sentire	hören	venire in acqua	in das Wasser gehen
non ... più	nicht mehr		
dormire	schlafen	chi mi chiama?/ chiamare	wer ruft mich?/ rufen
cuc-cuc!	kuckuck!		
sotto	unter	la barca/in barca	das Boot/ins/im Boot
l'asciugamano [ʃ]	das Handtuch/ Badetuch	mẹttersi	sich legen

Übungen

1. Bilden Sie die Sätze nach folgendem Muster:
   Non vedo la signora. Non la vedo.

Mettiamo la sedia a sdraio all'ombra. ....

Metto l'ombrellone in riva al mare. ....

Può guardare il bambino? Sì, ...

Compra gli asciugamani? Sì, ...

Compra le arance? No, ...

Ecco Francesco! ....

Ecco, sono qui! ....

Ecco Gianni e Pierino! ....

Ecco Pina e Luisa! ....

2. Übersetzen Sie bitte:

Ich kann nicht schlafen, könnt ihr bitte die Musik leiser stellen? Aber ich höre sie nicht mehr. Können Sie mir einen Gefallen tun? Wenn ich kann, gerne. Können Sie den Sonnenschirm ans Meeresufer stellen? Aber natürlich. Danke, sehr nett. Legen wir uns in die Sonne oder in den Schatten? In der Sonne ist es zu warm, legen wir uns in den Schatten. Schon gut.

LEKTION 11

Non ho più le chiavi!

Was wird gelernt?

ho perso le chiavi — le ho perse

Umberto:	Oh! Dio mio! Non ho più le chiavi!	*Umberto:*	Oh! Mein Gott! Ich habe die Schlüssel nicht mehr!
Ima:	Le hai perse?	*Ima:*	Hast du sie verloren?
Umberto:	Non so. Non le ho più.	*Umberto:*	Ich weiß es nicht. Ich habe sie nicht mehr!
Ima:	Prendiamo le mie. Oh! Non le ho!	*Ima:*	Nehmen wir meine. Oh! Ich habe sie nicht!
Umberto:	Come mai non le hai?	*Umberto:*	Wieso hast du sie nicht?
Ima:	Le ho lasciate nell'altra borsa.	*Ima:*	Ich habe sie in der anderen Handtasche gelassen.

So wird's verständlich:

le *hai pers***e***?* hast du **sie** verloren?

Wir haben in Lektion 9 über die vollendete Gegenwart gesprochen und gesagt, daß sich bei den Zeitwörtern, die die vollendete Gegenwart mit *avere* = haben bilden, das Mittelwort der Vergangenheit nicht nach dem Satzgegenstand (Subjekt) sondern . . . nach der vorangestellten Satzergänzung (Objekt) im 4. Fall richtet.

non ho più le chiavi	ich habe die Schlüssel nicht mehr
non **le** ho più	ich habe **sie** nicht mehr
ho perso le chiavi	ich habe die Schlüssel verloren
le ho pers**e**	ich habe **sie** verloren
ho perso i guanti	ich habe die Handschuhe verloren
li ho pers**i**	ich habe **sie** verloren
ho perso la borsa	ich habe die Handtasche verloren
l'ho pers**a**	ich habe **sie** verloren
ho perso il guanto	ich habe den Handschuh verloren
l'ho pers**o**	ich habe **ihn** verloren

Dialog 1: Non ho più le chiavi! — Le hai perse?

Umberto: *(vor der Haustür)* Oh! Dio mio! Non ho più le chiavi!
Ima: Le hai perse?
Umberto: Non so. Non le ho più.
Ima: *(schaut in die Handtasche)* Prendiamo le mie. Oh! Non le ho!
Umberto: Non le hai? Come mai non le hai?
Ima: Le ho lasciate nell'altra borsa.
Umberto: Che pasticcio!

Ima: Io non le ho, tu non le hai, non possiamo entrare in casa!
Umberto: Che cosa facciamo adesso?
Ima: Ho un'idea!
Umberto: Tu hai un'idea?
Ima: Sì, ho lasciato aperto la finestra di cucina. Possiamo entrare.
Umberto: Io l'ho chiusa! Non possiamo entrare!
Ima: L'hai chiusa?! E adesso?
Umberto sucht noch in der Hosentasche nach den Schlüsseln.
Ima: Forse le trovi . . . le chiavi . . .
Umberto: Ecco perchè ho perso le chiavi!
Ima: Perchè?
Umberto: Perchè c'è un buco nella tasca dei pantaloni!
Ima: *(betrachtet das Loch in der Hosentasche)* C'è un buco!
Umberto: Sì, eccolo!
Ima: Allora le chiavi sono cadute per terra . . .
Umberto: Sì, le chiavi sono cadute per terra perchè c'è un buco!
Ima: Sì, c'è un buco nella tasca. E allora?
Umberto: E allora la colpa è tua se ho perso le chiavi!
Ima: La colpa è mia?! Io non ho visto il buco nella tua tasca dei tuoi pantaloni . . .
Umberto: Va bene, va bene.
Ima: Forse qualcuno le ha trovate.
Umberto: Qualcuno le ha trovate, forse, ma dove sono?
Ima: Andiamo all'ufficio oggetti smarriti.
Umberto: Andiamo.

Wörter und Wendungen

la chiave [k]	der Schlüssel
pẹrdere/perso	verlieren/verloren
Dịo mịo!	mein Gott!
prẹndere/preso	nehmen/genommen
come mai	wieso
lasciare/lasciato [ʃ]	lassen/gelassen
altro	anderer
la borsa	die Handtasche
che pasticcio! [tʃ]	schöne Bescherung!
entrare/entrato	eintreten/eingetreten
non possiamo entrare in casa	wir können nicht ins Haus hinein
che cosa facciamo [tʃ] adesso?	was machen wir jetzt?
ho un'idea!	ich habe eine Idee!

aprire/aperto	öffnen/geöffnet	per terra	auf den Boden (fallen)
la finestra	das Fenster	e allora	und nun/dann
la cucina	die Küche	la colpa	die Schuld
chiụdere/chiuso [k]	schließen/ geschlossen	la colpa è tua	es ist deine Schuld/ du bist daran schuld
forse	vielleicht	se	wenn
trovare/trovato	finden/gefunden	qualcuno	jemand
un buco	ein Loch	l'ufficio [tʃ] oggetti [dʒ] smarriti [zm-]	das Fundbüro
nella tasca dei pantaloni	in der Hosentasche		
cadere/caduto	(hin)fallen/ (hin)gefallen		

Dialog 2: All'ufficio oggetti smarriti

Impiegato: Buon giorno, signori.
Umberto und Ima: Buon giorno.
Impiegato: Hanno perso qualcosa? Hanno trovato qualcosa?
Umberto: Abbiamo perso le chiavi di casa.
Impiegato: *(holt ein dickes Buch)* Avete perso le chiavi di casa.
Umberto: Non possiamo entrare in casa!
Impiegato: Quando le avete perse?
Umberto: Questa mattina.
Impiegato: A che ora?
Umberto: A che ora? Non so.
Ima und Umberto schauen sich schmunzelnd an.
Impiegato: L'ora è molto importante! A che ora le avete perse?
Umberto: È importante l'ora? Le ho perse questa mattina!
Impiegato: Vede? Questo è il registro delle cose trovate.
Umberto: Vedo! Vedo!
Impiegato: Qui c'è il giorno, l'oggetto e l'ora!
Ima: Sì, questo è il giorno e questa è l'ora dell'oggetto *trovato!*
Impiegato: Esattamente!
Umberto: A che ora qualcuno ha trovato le mie chiavi di casa?
Impiegato: *(schlägt im Buch nach)* Vediamo.

Impiegato:	Quando ha perso le chiavi? Dove le ha perse?
Umberto:	Basta! Lei mi prende in giro!
Ima:	Lei ci prende in giro! Insomma le chiavi ci sono o no?
Impiegato:	Io non vi prendo in giro. È il regolamento!
Ima:	Evviva il regolarmente!
Impiegato:	*(liest von einem vergilbten Papier ab)* l'ora, il luogo, l'oggetto . . .
Umberto:	*(zu Ima)* Le nostre chiavi non le ha trovate nessuno.
Ima:	Andiamo dal fabbro?
Umberto:	Sì, andiamo dal fabbro!

Wörter und Wendungen

impiegato	Angestellter	il registro [dʒ]	das Verzeichnis
qualcosa	etwas	la cosa/le cose trovate	die Sache, das Ding/die Fundsachen
le chiavi di casa	die Hausschlüssel		
quando	wann		
questa mattina/ la mattina	heute vormittag/ der Vormittag	l'oggetto [dʒ]	der Gegenstand
		esattamente	genau
molto importante	sehr wichtig	basta!	Schluß jetzt/basta!

Lei mi prende in giro [dʒ]!	Sie nehmen mich auf den Arm!
insomma!	also!
o	oder
il regolamento	die Vorschriften/ Bestimmungen
evviva!	hoch lebe, es lebe ...
il luogo	der Ort
nessuno	niemand
il fabbro	der Schlosser/ der Schmied
andiamo dal fabbro!	gehen wir zum Schlosser!

Übungen

1. Bilden Sie die vollendete Gegenwart nach folgendem Muster:
   Non trovo le chiavi – non ho trovato le chiavi – non le ho trovate

   Perdo le chiavi. ....

   Trovo il portafoglio (Brieftasche). ....

   Vendo la collana. ....

   Non vendo gli ombrelloni. ....

   Non vedo la barca. ....

   Non vedo i bambini. ....

2. A che ora Umberto ha perso le chiavi? Dove le ha perse?
   Lesen Sie bitte den Dialog 2 und vergleichen Sie Ihre Aussprache mit der Toncassette.

LEKTION 12

Ripetizione — Wiederholung

È l'ora della ripetizione! Pronti, via!

1. Wie heißt das auf italienisch? Sprechen Sie laut und denken Sie an die Aussprache!

Ich kaufe eine Perlenkette aus Muranoglas. Er verkauft die silbernen Pfauen nicht. Sprechen wir nicht über den Preis. Warum fährt Bruno nach Florenz? Weil dort eine Antiquitätenmesse ist. Ich möchte ein altes Schmuckstück kaufen. Aus welcher Epoche (epoca)? Aus dem 19. Jahrhundert. Ist niemand da? Ich möchte ein bißchen schauen. Ich möchte nicht stören. Nein, Sie stören nicht, meine Dame. Was malen Sie? Ich male ein Stilleben. Die versilberte Eitelkeit. Bin ich vielleicht die versilberte Eitelkeit? Ja, alle schönen Frauen sind eitel! Sind Sie es nicht?

2. Che ore sono?

Sono le tre meno cinque

Che ore sono?

. . . .

Che ore sono?

. . . .

Che ore sono?

. . . .

Che ore sono?

. . . .

Che ore sono?

. . . .

Che ore sono?

. . . .

Übersetzen und beantworten Sie die Fragen:
Um wieviel Uhr fährt der Zug ab?

. . . . tre in punto

Wann öffnet das Geschäft?

. . . . quattro

Von eins bis drei ist das Geschäft geschlossen.

. . . .

Ich habe die Schlüssel heute verloren.

. . . .

3. Übersetzen Sie:
Tante Luisa ist am Strand und möchte einen Sonnenschirm haben. Der Bademeister bringt ihn gleich. Er stellt ihn an das Meeresufer. Sie möchte auch einen Liegestuhl haben. Er stellt ihn in den Schatten, weil es in der Sonne zu warm ist. Wo ist das Boot Francescos? Da ist es, am Meeresufer. Tante Luisa fährt mit ihm weg. Am Strand kann sie nicht schlafen und baden darf sie nicht. Sie kann endlich ihre Ruhe genießen. Mit Francesco im Boot.

4. Bilden Sie die vollendete Gegenwart, und vergessen Sie die Übereinstimmung nicht:

Perdo la collana	**ho perso la collana**	**l'ho persa**
Trovo una borsa.	. . . .	. . . .
Mangio il gelato.	. . . .	. . . .
Mangiamo i gelati.	. . . .	. . . .
Compri i pavoni?	. . . .	. . . .
Non vende i pavoni.	. . . .	. . . .
Apro la finestra.	. . . .	. . . .
Chiudi la finestra?	. . . .	. . . .
Non vedo il bambino.	. . . .	. . . .
Non vedi i bambini?	. . . .	. . . .
Vedo una bambina.	. . . .	. . . .
Io vedo le bambine.	. . . .	. . . .

E se avete tempo . . . *il tempo* heißt auf italienisch nicht nur das Wetter, sondern auch die Zeit. Se avete tempo ci sono i dialoghi sulla cassetta. Buon divertimento!

LEKTION 13

La macchina a noleggio

Was wird gelernt?

volere — capire

Bruno:	Vogliamo noleggiare una macchina.	*Bruno:*	Wir möchten ein Auto mieten.
Impiegata:	Vuole una macchina con l'autista o senza?	*Angestellte:*	Möchten Sie ein Auto mit Fahrer oder ohne?
Andreas:	La guido io.	*Andreas:*	Ich fahre es.
Impiegata:	Quale cilindrata vuole?	*Angestellte:*	Welchen Hubraum möchten Sie?
Marina:	Scusi, che cos'è la cilindrata? Non capisco.	*Marina:*	Verzeihung, was ist das „der Hubraum"? Ich verstehe es nicht.
Impiegata:	Sono i centimetri cubi del motore!	*Angestellte:*	Das sind die Kubikzentimeter des Motors!
Marina:	Adesso ho capito!	*Marina:*	Jetzt habe ich verstanden!

So wird's verständlich:

volere	**voluto**	**capire**	**capito**
wollen	gewollt	verstehen	verstanden
io voglio	noi vogliamo	io capisco	noi capiamo
tu vuoi	voi volete	tu capisci [ʃ]	voi capite
lui/lei vuole	loro vọgliono	lui/lei capisce [ʃ]	loro capịscono
io ho voluto		io ho capito	

Dialog 1: La macchina a noleggio

Bruno, Giovanni und Marina haben Besuch aus der Schweiz bekommen. Sie möchten Andreas die venezianischen Villen entlang der Brenta zeigen. Dazu mieten sie ein Auto.

Bruno:	Vogliamo noleggiare una macchina.
Impiegata:	Vuole una macchina con l'autista o senza?
Andreas:	Senza autista. La guido io.
Impiegata:	Quale cilindrata vuole?
Marina:	Scusi, che cos'è la cilindrata? Non capisco.
Impiegata:	Sono i centimetri cubi del motore.
Marina:	Ah! Adesso ho capito!
Andreas:	*(schmunzelt)* Vogliamo una piccola automobile.
Impiegata:	Va bene. Per favore la Sua patente.
Andreas:	Eccola.
Impiegata:	Ma è una patente straniera?
Andreas:	Sì, io sono svizzero, svizzero tedesco. Sono di Berna!
Impiegata:	Ma Lei non può guidare con questa patente in Italia.
Andreas:	Ma sì, la patente svizzera è valida in Italia.
Impiegata:	Aspetti, telefono all'ACI.
Andreas:	ACI? Che cosa vuol dire ACI?

Marina: È l'Automobile Club d'Italia.
Impiegata: Va bene, signore, la Sua patente è valida in Italia.
Andreas: La macchina ha un'assicurazione totale?
Impiegata: Un'assicurazione totale?
Andreas: Ma sì. Una ... „Vollkasko"?
Impiegata: Ah! Ho capito. Lei desidera un'assicurazione contro tutti i rischi, una „Vollkasko". Va bene, possiamo fare questa assicurazione, se desidera.
Giovanni: La macchina è assicurata, vero?
Impiegata: Certamente. La macchina è assicurata contro terzi, come tutte le macchine in Italia.
Andreas: È assicurata solamente contro terzi? Non è sufficente!
Impiegata: Se desidera facciamo l'assicurazione contro tutti i rischi!
Giovanni: No, non vale la pena. Guido io!
Andreas: *(zu Giovanni)* Ma se succede un incidente, paghi tu!
Giovanni: Caro Andreas, tocchiamo ferro!

Wörter und Wendungen

la mạcchina [k] a noleggio [dʒ]	das Mietauto	ACI = Automobile Club d'Italia	Italienischer Automobilclub
la mạcchina/l'automọbile (w)	das Auto	l'assicurazione (w)	die Versicherung
noleggiare [dʒ]	mieten	totale	völlig/gesamt
l'autista/l'automobilista (m)	der Fahrer/der Autofahrer	assicurare	versichern
guidare	steuern, fahren	assicurazione contro tutti i rischi	Vollkasko-versicherung
quale	welche(r)	assicurazione contro terzi	Teilkasko-versicherung
la cilindrata [tʃ]	der Hubraum	contro	gegen
i centịmetri [tʃ] cubi	die Kubikzentimeter	il rischio	die Gefahr/das Risiko
il motore	der Motor	sufficente [tʃ]	genügend
pịccolo	klein	non vale la pena	das lohnt sich nicht/das ist nicht der Mühe wert
la patente	der Führerschein	se succede un incidente	wenn ein Unfall passiert
lo svịzzero [zv] tedesco	der Deutschschweizer	succẹdere/successo [tʃ]	passieren/passiert
lo straniero	der Ausländer	tocchiamo ferro!	toi! toi! toi! (wörtl.: klopfen wir aufs Eisen!)
straniero	ausländisch		
Berna (w)	Bern		
vạlido	gültig		
telefonare	telefonieren		
che cosa vuol dire	was heißt		

Dialog 2: La gita alle ville venete

Die reichen venezianischen Familien ließen bereits im 16. Jh. herrliche Herrschaftshäuser von den namhaftesten Architekten ihrer Zeit in ganz Venetien bauen. Zu den Villen gehörten ein Park und eine florierende Landwirtschaft. Zum größten Teil werden sie heute noch bewohnt; man kann sie besichtigen. Ganz in der Nähe Venedigs wurden die berühmten Brenta-Villen am Ufer des Flusses errichtet. Sie sind ein lohnender Ausflug, nicht nur für Kunstliebhaber.

Bruno:	Ecco, Andreas. Questa è la prima villa. „La Malcontenta".
Andreas:	È bellissima. Di che epoca è?
Bruno:	La Malcontenta è del '500. L'architetto è Palladio.
Andreas:	Andrea Palladio, il grande architetto del Rinascimento?
Bruno:	Sì, è una stupenda architettura del '500 (=1500), classica, semplice.
Marina:	All'interno ci sono affreschi.
Andreas:	Si può visitare?
Giovanni:	Sì, tutte le ville si possono visitare.
Andreas:	Non la visitiamo?
Marina:	La visitiamo al ritorno.

Andreas: Chi ha abitato qui?
Bruno: Qui ha abitato e abita la famiglia Foscari.
Marina: La famiglia del doge Foscari. Il grande doge Francesco Foscari!
Andreas: I veneziani hanno costruito le ville solo lungo il Brenta?
Bruno: No, ci sono ville stupende anche vicino a Vicenza, a Castelfranco, ad Asolo . . .
Marina: Ci sono più di tremila ville nel Veneto!
Andreas: Più di tremila! È un patrimonio artistico enorme!
Bruno: È vero, molte ville sono affrescate da famosissimi pittori, per esempio la villa di Stra è affrescata dal Tiepolo!
Marina: Sì, Andreas, la sala da ballo della Villa di Stra è affrescata dal Tiepolo. Andiamo, presto! Andiamo a Stra!
Giovanni: Andiamo a Stra a ballare nella sala del Tiepolo!
Alle vier sind gut gelaunt. Die Fahrt geht weiter.

Andreas: Ferma, Bruno. Voglio vedere questa villa.

Giovanni: Sì, la facciata è bellissima, aspetta un momento.

Das Auto hält. Giovanni zeichnet die Fassade. Andreas macht vom Auto aus Fotos. Neben der Villa ist eine Bank. Ein Polizist geht vor dem Eingang auf und ab. Er sieht Giovanni zeichnen, Andreas fotografieren. Das Auto kommt ihm verdächtig vor.

Poliziotto: Buon giorno!

Bruno: Buon giorno.

Poliziotto: I documenti, prego.

Bruno: I documenti?

Poliziotto: La patente, il libretto di circolazione.

Bruno: Eccoli. Ma che cosa ho fatto?

Poliziotto: *(schaut ins Wageninnere)* I documenti signori!

Marina: Vuole anche i nostri documenti?

Poliziotto: La macchina non è vostra?

Marina: L'abbiamo noleggiata.

Poliziotto: Ah! Noleggiata! Quando? E dove?

Bruno: Quando e dove? . . .

Poliziotto: C'è anche uno straniero, vedo . . . Ah! Uno svizzero! Capisco!

Giovanni: Che cosa capisce? È un nostro amico svizzero. E allora?

Poliziotto: *(zu Giovanni)* Ah! È un vostro amico . . . svizzero . . . le banche svizzere . . .

Bruno: Ma insomma, che cosa vuole da noi?

Poliziotto: Siete qui da dieci minuti davanti alla banca: il signore disegna, lo svizzero fotografa, la signora guarda l'orologio . . .

Alle vier schauen sich an, lachen laut.

Poliziotto: Signori, venite al commissariato! Presto. Avanti!

Bruno: Al commissariato?! Noi andiamo a Stra, alla villa di Stra.

Poliziotto: Avanti! Al commissariato!

Marina: Ma Tiepolo ci aspetta . . . a Stra!

Poliziotto: *(überzeugt, eine Einbrecherbande geschnappt zu haben)* Ah! Vi aspetta Tiepolo a Stra! Porto anche Tiepolo al commissariato! Andiamo!

Marina: Ma perchè ci porta al commissariato?

Poliziotto: Andiamo! Oggi niente rapina in banca!

Marina: . . . e niente Tiepolo!

Wörter und Wendungen

la gita [dʒ]	der Ausflug
la gita alle ville vẹnete	der Ausflug zu den venezianischen Villen
„La Malcontenta"	die Unzufriedene
di che ẹpoca	aus welcher Epoche
l'architetto	der Architekt/Baumeister
il Rinascimento [ʃ]	die Renaissance
stupendo	herrlich
l'architettura	die Architektur
clạssico	klassisch
sẹmplice [tʃ]	schlicht/einfach
all'interno	im Innern
l'affresco	die Freske/das Fresko
visitare/visitato [z]	besichtigen/besichtigt
al ritorno	auf der Rückfahrt
abitare	wohnen/bewohnen
e	und
la famiglia [ʎ] del doge Fọscari	die Dogenfamilie Foscari
costruire/costruito	bauen, errichten/gebaut, errichtet
solo/solamente	nur
lungo il Brenta	der Brenta entlang
più di tremila	mehr als 3000
il Vẹneto	Venetien
il patrimonio artịstico	die Kunstschätze
enorme	riesengroß

è vero!	es stimmt!
affrescato	mit Fresken bemalt
da	von/durch
per esempio [z]	zum Beispiel
la sala da ballo	der Tanzsaal
presto	schnell
ballare/ballato	tanzen/getanzt
ferma!	halte an!
la facciata [tʃ]	die Fassade
il poliziotto	der Polizist
i documenti, prego!	die Papiere, bitte!
il libretto di circolazione	die Wagenpapiere
ma che cosa ho fatto?	aber was habe ich getan?
svizzero [zv]	Schweizer
la banca	das Bankhaus/die Bank
da dieci [tʃ] minuti	seit zehn Minuten
davanti alla banca	vor der Bank
disegnare [ɲ]	zeichnen
fotografare	fotografieren
l'orologio [dʒ]	die Uhr
il commissariato	das Polizeirevier
che cosa vuole da noi?	was wollen Sie von uns?
aspettare	warten/(jmd.) erwarten
la rapina/la rapina in banca	der Überfall/der Banküberfall
niente	nichts/kein

Übungen

1. Chi ha costruito la villa „Malcontenta"? ....
   Di che epoca è la „Malcontenta"? ....
   Chi ha affrescato la sala da ballo della villa di Stra? ....
   Quante ville ci sono nel Veneto? ....
   Si possono visitare? ....
   Chi ha abitato alla „Malcontenta"? ....
   Dov'è la „Malcontenta"? ....
   Perchè Andreas e gli amici hanno noleggiato una macchina? .....
   Chi guida la macchina? ....

2. Bitte sagen Sie es laut und deutlich auf italienisch:
   Ich will nicht. Er versteht mich nicht. Wollen Sie es? Hast du mich verstanden? Was wollen Sie von uns? Sie (Mehrz.) verstehen nicht. Ich habe dich nicht verstanden. Ich habe sie (Einz.) nicht verstanden. Er hat uns nicht verstanden.

LEKTION 14

Il „Fondaco dei tedeschi"

Was wird gelernt?

del/dello/della usw.
i miei/i tuoi/i suoi usw.

Andreas:	Per favore, dov'è la posta?	*Andreas:*	Bitte, wo ist die Post?
Passante:	Devo andare anch'io in quella direzione. L'accompagno.	*Fußgänger:*	Ich muß auch in die Richtung gehen. Ich begleite Sie.
Andreas:	Grazie, molto gentile.	*Andreas:*	Danke, sehr nett.
Passante:	Adesso andiamo nella casa dei Suoi antenati.	*Fußgänger:*	Jetzt gehen wir in das Haus Ihrer Vorfahren.

Andreas:	La casa dei miei antenati?	*Andreas:*	Das Haus meiner Vorfahren?
Passante:	La Repubblica di Venezia ha ricostruito nel 1508 il „Fondaco" per i commercianti tedeschi.	*Fußgänger:*	Die Republik Venedig hat 1508 das Warenlager für die deutschen Kaufleute wieder aufgebaut.
Andreas:	Che cosa vuol dire „Fondaco dei tedeschi"?	*Andreas:*	Was bedeutet „Fondaco dei tedeschi"?
Passante:	„Fondaco"è una parola araba e vuol dire scalo commerciale.	*Fußgänger:*	„Fondaco" ist ein arabisches Wort und bedeutet Warenumschlagplatz.

So wird's verständlich:

di

la casa **di mio** *fratello*	das Haus **meines** Bruders
il Fondaco **dei** *tedeschi*	das Warenlager **der** Deutschen

Im Italienischen wird der 2. Fall (Genitiv) mit dem Verhältniswort *di* gebildet.
Wie schon die Verhältniswörter *a* und *in* (s. Lektion 7), wird auch *di* mit dem bestimmten Geschlechtswort verschmolzen.
Es ergeben sich dann folgende Formen:

di + il → **del**	di + i → **dei**
di + lo → **dello**	di + gli → **degli**
di + la → **della**	di + le → **delle**
di + l' → **dell'**	

la casa **di mio** *fratello*	das Haus meines Bruders
aber:	
la casa dell'amico	*la casa degli amici*
la casa dell'amica	*la casa delle amiche*
la casa del signore	*la casa dei signori*
la casa della signora	*la casa delle signore*

Sie wissen sicher noch, daß die besitzanzeigenden Fürwörter das bestimmte Geschlechtswort verlangen (s. Lektion 2), außer bei Verwandtschaftsnamen. Daher sagt man: *la casa* **di** *mio fratello*. Das ist richtig, wenn man von **einem** Bruder spricht.
Sprechen wir aber von **mehreren** Verwandten, dann heißt es so:

la casa **dei** *miei fratelli*	das Haus meiner Brüder
la casa **delle** *mie sorelle*	das Haus meiner Schwestern

Also: **in der Mehrzahl wird das bestimmte Geschlechtswort auch vor Verwandtschaftsnamen gesetzt!**
Und hier die Mehrzahlformen der besitzanzeigenden Fürwörter:

i miei	(männl./Mehrz.)	le mie	(weibl./Mehrz.)
i tuoi		le tue	
i suoi		le sue	
i Suoi		le Sue	
i nostri		le nostre	
i vostri		le vostre	
i loro		le loro	
i Loro		le Loro	

Suoi – Sue – Loro werden bei der Höflichkeitsform groß geschrieben.

Dialog: Il Fondaco dei tedeschi

Andreas muß in Venedig zum Postamt gehen, um einen postlagernden Brief abzuholen. Er fragt auf der Straße danach.

Andreas: Per favore, dov'è la posta?
Passante: Deve andare alla posta centrale?
Andreas: Devo andare al fermo posta.
Passante: Il fermo posta è alla posta centrale a Rialto.
Andreas: È a destra o a sinistra del ponte?
Passante: È a destra. Vado anch'io in quella direzione. L'accompagno.
Andreas: Grazie, molto gentile.
Passante: Lei parla bene l'italiano.

Andreas:	Non lo parlo bene. Solo un pochino.
Passante:	È vero. Si sente un po' la pronuncia tedesca.
Andreas:	La mia lingua madre è il tedesco.
Passante:	Ah! Ecco! Adesso andiamo nella casa dei Suoi antenati.
Andreas:	La casa dei miei antenati?
Passante:	La Repubblica della Serenissima, la grande Repubblica di Venezia, ha costruito per i commercianti tedeschi il „Fondaco dei tedeschi".
Andreas:	Che cosa vuol dire „Fondaco"?
Passante:	„Fondaco" è una parola araba e vuol dire scalo commerciale.
Andreas:	Ah! Ho capito! I commercianti tedeschi avevano qui la loro sede commerciale.
Passante:	Proprio così. Perchè il Fondaco era il mercato di compravendita dei commercianti tedeschi.
Andreas:	Perchè la Serenissima ha costruito il Fondaco?
Passante:	*(lächelt)* Perchè la Repubblica ha inventato le tasse doganali.
Andreas:	Ha inventato le tasse doganali?

Passante: I dogi veneziani hanno pensato: Venezia ha il porto più importante del mondo (fino al 1500), gli stranieri vengono qui e devono pagare le tasse sui loro affari di compravendita!

Andreas: Interessante! Molto interessante. E la Serenissima è diventata ricca!

Passante: Molto ricca! Ricchissima! Tempi passati, purtroppo!

Andreas: Siamo arrivati?

Passante: Sì, ecco, questo è il Fondaco dei tedeschi ricostruito nel 1508.

Andreas: E in questo magnifico edificio c'è la posta centrale?

Passante: Ai tempi passati qui c'era oro, argento, broccati, sete . . . oggi si comprano e vendono francobolli. Arrivederci.

Andreas: Arrivederci. È stato un vero piacere.

Wörter und Wendungen

il Fọndaco dei tedeschi [-ki]	das Warenlager der Deutschen
(il) tedesco	der Deutsche/ deutsch
il passante	der Fußgänger/ Passant
la posta centrale [tʃ]	das Hauptpostamt/ die Hauptpost
il fermo posta	postlagernd, hier: Stelle für postlagernde Briefe
a destra/a sinistra	rechts/links
il ponte	die Brücke
anch'io [k]	ich auch
in quella direzione	in die Richtung
accompagnare/ accompagnato [ɲ]	begleiten/ begleitet
parlare/parlato	sprechen/ gesprochen
Lei parla bene l'italiano	Sie sprechen gut Italienisch
solo un pochino	nur ein bißchen
si sente	man hört
la pronuncia [tʃ]	die Aussprache
la lingua	die Sprache
la lingua madre	die Muttersprache
l'antenato	der Vorfahre
la Repụbblica della Serenissima	die offizielle Bezeichnung der alten Republik Venedig bis 1797, als der letzte Doge abdanken mußte
grande	groß
il commerciante [tʃ]	der Kaufmann
la parola	das Wort
ạrabo	arabisch

lo scalo commerciale [tʃ]	der Warenumschlagplatz
avevano	sie hatten
la sede commerciale	die Handelsniederlassung
proprio così!	genau so!/so ist es!
il mercato di compra-vẹndita	der Ein- und Verkaufsmarkt
inventare/inventato	erfinden/erfunden
la tassa doganale	die Zollgebühr
le tasse	die Steuern
il doge [dʒ]	der Doge, venez. Staatsoberhaupt
pensare/pensato	denken/gedacht
il porto	der Hafen
più importante	wichtigster
il mondo	die Welt
fino al 1500	bis 1500
gli affari	die Geschäfte
dẹvono pagare le tasse sui loro affari di compra-vẹndita	sie müssen Steuern für ihre Ein- und Verkaufsgeschäfte zahlen
interessante	interessant
diventare ricco	reich werden
tempi passati!	vergangene Zeiten!
purtroppo	leider
ricostruire/ ricostruito	wieder aufbauen/ wieder aufgebaut
l'edificio [tʃ]	das Gebäude
magnịfico [ɲ]	herrlich/prächtig
qui c'èra	hier gab es
il broccato	der Brokat
la seta	die Seide
il francobollo	die Briefmarke
è stato un vero piacere	es war ein großes Vergnügen

Übungen

1. Per favore formate il plurale – Bilden Sie bitte die Mehrzahl:
   Das Haus meiner Freunde ist nah am Strand. Die Villa meiner Tanten liegt rechts von der Brücke. Hast du deine Bilder verkauft? Ja, meine Bilder sind verkauft! Dann bist du reich geworden. Sehr reich. Aber leider muß ich (devo) Steuern zahlen. Und dann bin ich nicht mehr reich! Oh! du Ärmster! Wer hat die Zollgebühren erfunden? Die Republik Venedig, sie ist sehr reich geworden mit den Steuern der ausländischen Kaufleute. Es sind leider vergangene Zeiten. Warum? Zahlen die Ausländer heute keine Steuern in Venedig? Nicht genug! Willst du scherzen? Ja, warum nicht!

2. Beantworten Sie die Fragen:
   Dov'è la posta centrale di Venezia? ....

   Dov'è il fermo posta? ....

   La posta è a sinistra o a destra del ponte? ....

   Che cosa vuol dire „Fondaco" ....

LEKTION 15

Un concerto di Vivaldi

Was wird gelernt?

parlare — dire		ascoltare — sentire	
Marina:	E va bene! Non parlo più!	*Marina:*	Schon gut! Ich rede nicht mehr!
Bruno:	Che cosa dici?	*Bruno:*	Was sagst du?
Marina:	Dico che non parlo più!	*Marina:*	Ich sage, daß ich nicht mehr rede!
Bruno:	Non ho sentito. Cos'hai detto?	*Bruno:*	Ich habe nicht gehört. Was hast du gesagt?
Marina:	Ma insomma, mi ascolti quando parlo?	*Marina:*	Also, hörst du mir zu, wenn ich spreche?
Bruno:	Ascolto la musica. Non ho sentito.	*Bruno:*	Ich höre Musik. Ich habe nicht gehört.

So wird's verständlich:

parlare = *sprechen/reden* ist problemlos, weil es ein regelmäßiges Zeitwort ist.

dire = *sagen/behaupten/meinen* ist schon problematischer, weil es unregelmäßig ist.

dire	**detto** gesagt/behauptet/gemeint
io dico	noi diciamo
tu dici	voi dite
lui/lei dice	loro dịcono
io ho detto	

Ist es vielleicht leicht, auf italienisch etwas zu sagen, zu behaupten, zu meinen! *È difficile* es ist schwer! Bitte üben Sie!

ascoltare	hören/zuhören
ascoltato	gehört/zugehört
sentire	hören/riechen/fühlen/spüren
sentito	gehört/gerochen/gefühlt/gespürt

Hier wiederum gibt es bei der Beugung kein Problem, weil die Zeitwörter regelmäßig sind. Ihre Anwendung jedoch könnte zu Mißverständnissen führen, so wie bei Marina und Bruno . . .

Dialog 1: Non parlo più! — Che cosa dici?

Im Haus Nogara ist dicke Luft!

Marina: E va bene, non parlo più!
Bruno: Che cosa dici?
Marina: Ho detto che non parlo più!
Bruno: Non ho sentito. Cos'hai detto?
Marina: Ma insomma, mi ascolti quando parlo?
Bruno: *(mit geschlossenen Augen)* Ascolto la musica. Non ho sentito. Ascolto un concerto di Vivaldi.

Marina: Naturalmente Antonio Vivaldi è più importante di me!
Bruno: Vivaldi è un grande compositore, devi ammettere.
Marina: Lo so che Antonio Vivaldi è un grande compositore della musica veneziana del '700 (= 1700).
Bruno: E allora?
Marina: *(den Tränen nahe)* Che colpa ho io se non sono un compositore di musica barocca?
Bruno: Cos'hai detto? Tu non sei un compositore di musica barocca?! Ma che cosa dici?
Marina: Ma sì,tu ascolti solo la musica barocca ...
Bruno: Marina mia, che cosa dici?
Marina: *(wischt kokett die Tränen ab)* Nessuno mi ascolta in questa casa ... tu ascolti solo Vivaldi ...
Bruno: Ma non è vero, non ascolto solo Vivaldi, ascolto ...
Marina: *(unterbricht ihn)* ... anche Albinoni, Corelli ...
Bruno: *(umarmt sie)* Marina mia, sei gelosa della musica barocca?
Marina: Sì, sono gelosa di Antonio Vivaldi, di Tommaso Albinoni, di Arcangelo Corelli e di ...

Bruno: *(küßt sie zärtlich)* ... pssst! ... non parlare ...
Marina: ... che bella ... la musica ... barocca ...
Bruno: ... psssssst! ...
Marina: ... senti qualcosa? ...
Bruno: ... sento ... sento ...
Marina: ... senti anche tu? ...
Bruno: ... pssst! Non dire niente ...
Marina: ... sento ...
Bruno: Dove vai? ... adesso?! ...
Marina: *(schnuppert)* ... sento ... un odore ...
Bruno: Io non lo sento!
Marina: *(schreckt hoch)* Oh! Mamma mia! Sento odore di bruciato!
Marina kommt bestens gelaunt aus der Küche zurück.
Marina: Abbiamo ascoltato la musica barocca e in cucina è bruciato tutto.
Bruno: Peccato!
Marina: Hai fame, Bruno?
Bruno: Sento una fame da lupo!
Marina: Bene, caro, questa sera andiamo in trattoria!

Wörter und Wendungen

non parlo più	ich rede nicht mehr
mi ascolti quando parlo?	hörst du mir zu, wenn ich rede?
un concerto [tʃ]	ein Konzert
naturalmente	natürlich
più importante di me	wichtiger als ich
ammẹttere/ammesso	zugeben/zugegeben
che colpa ho io se ...	was kann ich dafür, wenn ...
il compositore [z]	der Komponist
la mụsica [z] barocca	die Barockmusik
solo	nur
ma non è vero	aber das stimmt nicht
geloso [dʒ] di	eifersüchtig auf
la gelosịa [dʒ]	die Eifersucht
qualcosa	etwas
un odore	ein Geruch
odore di bruciato [tʃ]	Brandgeruch
bruciare/bruciato [tʃ]	anbrennen, verbrennen/angebrannt, verbrannt
in cucina [tʃ]	in der Küche
hai fame?	hast du Hunger?
sento una fame da lupo!	ich habe einen Wolfshunger!
questa sera	heute abend
la trattorịa	die Gastwirtschaft/Gaststätte

Vielleicht interessiert Sie das?

Antonio VIVALDI

wurde 1678 in Venedig geboren. Er starb, arm und verlassen, 1741 in Wien. Sein Begräbnis zahlte die Armenfürsorge. Aber seine Musik ist weltweit bekannt. Über 400 Konzerte, 53 Sonaten, etwa 50 geistliche Kompositionen, 40 Opern hat er komponiert. Sein bekanntestes Konzert heißt „Le Quattro Stagioni" – „Die vier Jahreszeiten".

Tommaso ALBINONI

(1671–1750) ist ebenfalls Venezianer. Sein „Adagio", das Goethe so bezeichnete: „eine Klage ohne Traurigkeit", hat sogar bei den Popmusikern Anklang gefunden. Sie haben es neu arrangiert, und nicht schlecht!

Arcangelo CORELLI

(1653–1713) war, wie auch Vivaldi, ein hervorragender Geiger. Er ist der Schöpfer des „Concerto grosso".

Dialog 2: Da capo!

Im Opernhaus La Fenice in Venedig ist Orchesterprobe. Und so wie bei jeder Probe ist die Atmosphäre gespannt. Am Dirigentenpult steht ein weltbekannter Maestro.

Direttore d'orchestra: Signori, oggi proviamo il concerto in do maggiore per due violini, basso continuo e archi di Antonio Vivaldi.

Der Dirigent hebt den Taktstock und gibt den Einsatz.

Direttore d'orchestra: No! Non così! Il primo movimento è un allegro! Un allegro! Non un allegro vivace! Da capo!

Die Probe wird fortgesetzt, aber gleich wieder unterbrochen.

Direttore d'orchestra: No, signori, per favore!

Primo violino: Maestro, può dire che cosa non va bene?

Direttore d'orchestra: Non sento il secondo violino. Non lo sento!

Secondo violino: Maestro, non mi sente? Non è possibile!

Direttore d'orchestra: Sì, La sento. Ma La sento fuori tempo. Da capo!

Die Musik ertönt erneut, aber der Dirigent ist mit seinem Orchester immer noch nicht zufrieden.

Direttore d'orchestra: Signori, noi soniamo un concerto di Vivaldi e non un concerto di musica dodecafonica. Noi soniamo Antonio Vivaldi e non Luigi Nono!

È vero, anche Luigi Nono è un grande veneziano, come Antonio Vivaldi, ma Nono è un compositore contemporaneo, Vivaldi è un compositore del '700! Avete capito la differenza? L'orchestra nella musica barocca deve sonare insieme ... insieme!! Da capo!

Endlich spielen die erste und die zweite Geige zusammen mit den anderen Streichern und dem Cembalo so, wie der berühmte Maestro es haben will.

Direttore d'orchestra: *(wischt sich die Schweißtropfen ab)* Bravi! Bravissimi! Questo è Vivaldi! Questa è la musica barocca!

Pubblico: Bis! Bis! Bravi! Bravissimi! Da capo!

Das war das Publikum am Abend, das begeistert ein Dakapo verlangte!

Wörter und Wendungen

da capo	noch einmal von vorne
l'ọpera	das Opernhaus/die Oper/das Opus
andiamo all'opera	wir gehen in die Oper
il direttore d'orchestra	der Dirigent
l'orchestra [k]	das Orchester
provare	proben/probieren
do-re-mi-fa-sol-la-si	c-d-e-f-g-a-h
do minore – do maggiore [dʒ]	c-Moll – C-Dur
la scala musicale [z]	die Tonleiter
la chiave di violino	der Violinschlüssel
il violino/il primo violino	die Geige/die erste Geige/der erste Geiger
il violoncello [tʃ]	das Cello
basso continuo	Generalbaß/Kontinuo
gli archi [k]	die Streicher
il primo movimento	der erste Satz
un allegro/un allegro vivace [tʃ]	ein Allegro/ein Allegro vivace
il secondo violino	die zweite Geige/der zweite Geiger
allegro/allegro vivace	lebhaft/sehr lebhaft
il tempo	die Zeit/das Wetter/der Takt
fuori tempo	nicht im Takt
s(u)onare	spielen (Musikinstrument)/läuten, schellen (Klingel)
mụsica [z] dodecafọnica	Zwölftonmusik
contemporaneo	zeitgenössisch
la differenza	der Unterschied
insieme	zusammen
dirịgere [dʒ]	dirigieren
il programma (i programmi)	das Programm
bis	noch einmal
„Le Quattro Stagioni"	„Die vier Jahreszeiten"
il concerto grosso	das Concerto grosso
magnịfico [ɲ]	wunderbar

Übungen

1. Wie sagt man das auf italienisch? Dabei sprechen Sie bitte allegro vivace!
   Was hast du gesagt? Du kommst heute nicht in die Oper? Schade (peccato), weil das Orchester des Theaters La Fenice Barockmusik spielt. Wer dirigiert? Der berühmte Dirigent Claudio Abbado! Was sagst du? Er dirigierte? Dann komme ich natürlich! Aber die Karten, hast du sie? Aber selbstverständlich, der erste Geiger des Orchesters La Fenice ist ein Freund von uns (nostro). Ah! Jetzt verstehe ich. Und wie ist das Programm? Sehr interessant: sie spielen „Die vier Jahreszeiten" von Vivaldi und dann (e dopo) von Corelli das Concerto grosso Opus 6 Nummer 4 für zwei Violinen und Cello. Wunderbar. Wir sehen uns in La Fenice, um 8. Ja, Punkt 8 Uhr an der Kasse (alla cassa).
2. Secondo movimento – zweiter Satz: adagio!
   Und jetzt setzen Sie bitte den Dialog in die Höflichkeitsform:
   Was haben Sie gesagt? Sie kommen . . .
3. Terzo movimento – dritter Satz: allegro molto!
   Ascoltate bene i dialoghi sulla cassetta!
   Und bitte, vergessen Sie den Applaus nicht! Auf italienisch klingt es dann so: bis!! bis!!! bravi! da capo!! (bitte dabei laut rufen!)

LEKTION 16

Vai a fare la spesa?

Was wird gelernt?

fare — le quattro stagioni

Lucia:	Ciao, Ima. Vai a fare la spesa?	*Lucia:*	Ciao, Ima. Gehst du einkaufen?
Ima:	Sì, vado a fare la spesa al mercato di Rialto.	*Ima:*	Ja, ich gehe zum Rialtomarkt einkaufen.
Lucia:	Fai la spesa tutti i giorni?	*Lucia:*	Kaufst du jeden Tag ein?
Ima:	No, faccio la spesa all'ingrosso una volta al mese.	*Ima:*	Nein, ich kaufe einmal im Monat groß ein.

Lucia:	E una volta alla settimana fai le spese piccole?	*Lucia:*	Und einmal in der Woche machst du die kleinen Besorgungen?
Ima:	Sì, al giovedì o al venerdì faccio la spesa „fresca": frutta, verdura, pesce.	*Ima:*	Ja, am Donnerstag oder am Freitag kaufe ich „frisch" ein: Obst, Gemüse, Fisch.
Lucia:	Faccio così anch'io.	*Lucia:*	Ich mache es auch so.
Ima:	Oggi faccio pesce.	*Ima:*	Heute mache ich Fisch.

So wird's verständlich:

fare

vai a **fare** *la spesa?*	gehst du einkaufen?
oggi **faccio** *pesce*	heute mache ich Fisch

Das Zeitwort *fare* = machen, tun wird im Italienischen sehr oft verwendet:

fare la spesa	einkaufen
fare all'amore	sich lieben, sich liebhaben
fare la siesta	den Mittagsschlaf halten
fare 100 km	100 km fahren
fare la pace	Frieden schließen/sich versöhnen
fare la valigia	den Koffer packen

Also üben wir dieses Schlüsselzeitwort, es wird Ihnen sehr nützlich sein:

fare machen/tun	**fatto** gemacht/getan
io faccio	noi facciamo
tu fai	voi fate
lui/lei fa	loro fanno
io ho fatto	

Sogar das Wetter „machen" wir:

fa bello	es ist schön
fa brutto	es ist nicht schön, es ist schlechtes Wetter
fa caldo	es ist warm
fa freddo	es ist kalt

d'inverno fa freddo	im Winter ist es kalt
d'estate fa caldo	im Sommer ist es warm
le quattro stagioni	die vier Jahreszeiten
l'estate (w)	der Sommer
l'inverno	der Winter
la primavera	der Frühling
l'autunno	der Herbst

Dialog 1: Vai a fare la spesa?

Ima und Lucia treffen sich beim Einkaufen.

Lucia: Ciao, Ima. Vai a fare la spesa?
Ima: Ciao, Lucia. Vado a fare la spesa al mercato di Rialto.
Lucia: Fai la spesa tutti i giorni?
Ima: No, faccio la spesa all'ingrosso una volta al mese.
Lucia: Anch'io faccio così.

Ima: E una volta alla settimana faccio la spesa „fresca": pesce, frutta e verdura.
Lucia: Non hai il congelatore?
Ima: Sì, ho il congelatore. D'estate preparo le verdure per l'inverno.
Lucia: Ieri ho fatto 20 bottiglie di conserva di pomodoro.
Ima: Hai ragione, questa è la stagione dei pomodori. La devo fare anch'io. È buonissima.
Lucia: Dove vai adesso?
Ima: Vado a comprare il pesce. Questa sera faccio pesce.
Lucia: Che cosa fai?
Ima: Faccio le sarde alla greca.
Lucia: Io non le ho mai fatte. Come si fanno?
Ima: È semplicissimo. Vieni questa sera a cena e ti faccio vedere.
Lucia: Che buona idea! Vengo prima di cena.
Ima: Sì, vieni alle sette e mezza, alle otto mangiamo.
Lucia: Fai così presto a fare le sarde?
Ima: Sì, si fanno in dieci minuti e sono buonissime!
Lucia: A stasera, grazie!

Wörter und Wendungen

vai a fare la spesa?	gehst du einkaufen?
tutti i giorni	jeden Tag
fare la spesa all'ingrosso	groß einkaufen/ einen Großeinkauf machen
una volta al mese	einmal im Monat
una volta alla settimana	einmal in der Woche
il mese	der Monat
la settimana	die Woche
fresco	frisch
il pesce [ʃ]	der Fisch
al giovedì [dʒ]	donnerstags
al venerdì	freitags
faccio [tʃ] così anch'io	ich mache es auch so
il congelatore [dʒ]	die Tiefkühltruhe
preparare	vorbereiten
la bottiglia [ʎ]	die Flasche
la conserva di pomodoro	das Tomatenmark
hai ragione [dʒ]	du hast recht
la stagione [dʒ]	die Saison/die Zeit/ die Jahreszeit
il pomodoro	die Tomate
le sarde alla greca	(die) Sardellen nach griechischer Art
come si fanno?	wie macht man sie?
la cena [tʃ]	das Abendessen
a cena	zum Abendessen
prima di cena	vor dem Abendessen
ti faccio vedere	ich zeige es dir
che buona idea!	was für eine gute Idee!
fai così presto?	machst du so schnell?
a stasera	bis heute abend
ieri	gestern

Dialog 2: Mi fai vedere la bottiglia?

Bei Ima und Umberto sind Gäste zum Abendessen. Die Stimmung ist ausgezeichnet.

Umberto: E adesso vi faccio provare un vino squisito!
Giovanni: Ci fai provare un altro vino?
Umberto: Sì, adesso mangiamo pesce e con il pesce beviamo vino bianco.
Bruno: Mi fai vedere la bottiglia? *(liest)* „Cartizze secco" 1974.
Giovanni: È un Cartizze di Valdobbiadene?
Umberto: Sì, è un Cartizze secco di Valdobbiadene, lo fa un contadino nostro amico.
Bruno: Fa anche il Cartizze spumante?
Umberto: Sì, fa un ottimo Cartizze spumante, a fermentazione naturale, naturalmente!
Giovanni: Quando ci fai provare il Cartizze spumante?
Umberto: Dopo, dopo! Adesso beviamo il secco!

Ima: Ecco le sarde alla greca.

Lucia: Ho visto fare le sarde. Come sono?

Alle essen dieses sehr schmackhafte Gericht.

Bruno: Sono buonissime, saporite!

Giovanni: Sono squisite. Come si fanno?

Lucia: Ho imparato: sarde, prezzemolo, succo di limone, aglio, sale e pepe.

Ima: Brava, Lucia. Hai visto, si fanno prestissimo le sarde alla greca.

Giovanni: Ma io non ho capito niente! Sarde, prezzemolo, succo di limone eccetera eccetera ... ma come si fanno?

Ima: Vieni in cucina quando le faccio, come ha fatto Lucia!

Giovanni: Va bene, la prossima volta le faccio io!

Ima: Ecco i formaggi!

Umberto: Ed ecco il vino rosso per i formaggi! È un merlot del '75.

Giovanni: Uhm! È buono anche questo. È un vino leggero!

Umberto: Eh, caro Giovanni, nel Veneto ci sono ottimi vini! I bianchi sono: Verduzzo, Cartizze, Pinot bianco e grigio e i rossi sono il Merlot, il Cabernet ...

Bruno: Il Cabernet è un vino più forte del Merlot.

Umberto: Sì, è un vino invernale ...

Giovanni: *(geht mit dem Glas zum Kamin)* ... L'inverno è la mia stagione ... fa freddo ... c'è il fuoco nel camino ... io bevo un bicchiere di vino alla vostra salute amici!

Ima: Ma Giovanni, non siamo in inverno, siamo in estate!

Lucia: Non c'è il fuoco nel camino, c'è la luna piena, fa caldo!

Ima: Andiamo a fare un bagno adesso?

Umberto: Ma è mezzanotte!

Lucia: Sì, andiamo tutti a fare il bagno con la luna piena. È molto eccitante fare il bagno a mezzanotte ... sulla spiagga ...

Giovanni: *(leicht beschwipst)* Lucia, io sono il pescecane! Ti mangio tutta. Ti mangio tutta viva!

Lucia: *(rennt lachend davon)* Aiuto! Aiuto! C'è il pescecane!

Wörter und Wendungen

fare provare	kosten lassen
il vino	der Wein
squisito [z]	erlesen/hervorragend
un altro	ein anderer
bere	trinken
bevo/beviamo	ich trinke/wir trinken
il vino bianco	der Weißwein
fare vedere	zeigen
secco	trocken/herb (Wein)
spumante	schäumend
il vino spumante	der Schaumwein
ọttimo	sehr gut/hervorragend
il contadino	der Bauer/der Weinbauer
la fermentazione naturale	die Flaschengärung
dopo	nachher/danach
saporito	schmackhaft

imparare/imparato	lernen/gelernt
il prezzẹmolo	die Petersilie
il succo di limone	der Zitronensaft
sale e pepe	Salz und Pfeffer
si fanno prestissimo	man bereitet sie im Nu zu
eccẹtera	usw.
la prọssima volta	das nächste Mal
il formaggio [dʒ]	der Käse
il vino rosso	der Rotwein
vino forte/leggero [dʒ]	starker/leichter Wein
grigio [dʒ]	grau
più forte di	stärker als
invernale	winterlich
il fuoco nel camino	das Feuer im Kamin
la luna piena	der Vollmond
mezzanotte [dz]	Mitternacht
eccitante [tʃ]	aufregend
il pescecane [ʃ]	der Haifisch
aiuto!	Hilfe!

Übungen

1. Nehmen Sie sich noch einmal den Dialog 1 vor. Lucia und Ima siezen sich nun. Wenden Sie da, wo es erforderlich ist, die Höflichkeitsform an.
   Dieser Satz: *Vieni questa sera a cena e ti faccio vedere* muß in der Höflichkeitsform so heißen: *Venga questa sera a cena e Le faccio vedere*. Alles andere wissen Sie selbst!

2. Come si dice in italiano?
   Er geht um Mitternacht baden. Wir kaufen den frischen Fisch auf dem Markt. Sie hält den Mittagsschlaf von 2 bis 3. Ich bin 300 km gefahren und bin müde (stanco). Hast du zum Abendessen Fisch gekocht? Ja, ich habe Fisch gemacht, Sardellen nach griechischer Art. Wie macht man sie? Komm in die Küche, ich zeige es dir.

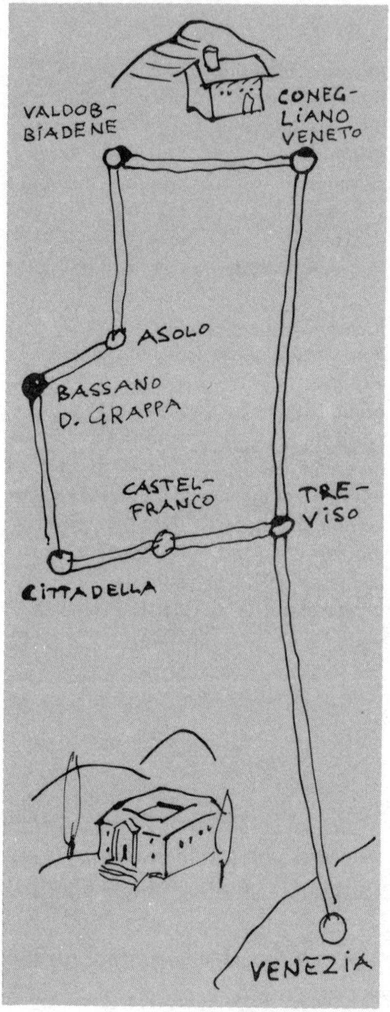

Wenn Sie den Urlaub an der nördlichen Adria, also in Venetien, verbringen, fahren Sie vom heißen Strand ins kühle, grüne Landesinnere. Die Landschaft ist sehr schön: hügelig, lieblich, gepflegt. Herrliche Villen der alten Patrizierfamilien wechseln mit schönen Bauernhäusern ab. Neben Getreide und Obst wird vor allem Wein angebaut.

Hier ein Vorschlag zu einer Tagestour: Venezia–Treviso–Conegliano Veneto – Valdobbiadene, dann nach Crocetta del Montello (in diesem Gebiet entschied sich der erste Weltkrieg). Sie fahren Richtung Bassano del Grappa, aber Sie sollten unbedingt Asolo besuchen. Von Bassano fahren Sie über Cittadella – Castelfranco – Treviso nach Venezia zurück.

Wußten Sie, daß Charles de Gaulle, ein Franzose, täglich den „Cartizze spumante" von Valdobbiadene zu trinken pflegte? Wenn Sie ein Glas davon kosten wollen, fragen Sie den Bauern: „mi fa provare un bicchiere di vino spumante?"

Salute! Cari amici! Salute!

LEKTION 17

La visita medica

Was wird gelernt?

sentirsi — bene — male — buono — cattivo

Giovanni:	Dottore, non mi sento bene. Mi sento male!	*Giovanni:*	Herr Doktor, ich fühle mich nicht wohl. Ich fühle mich schlecht.
Dottore:	Non si sente bene? Si sente male? Come si sente?	*Arzt:*	Sie fühlen sich nicht wohl? Fühlen Sie sich schlecht? Wie fühlen Sie sich?
Giovanni:	Mi sento nervoso, mi sveglio la notte e poi non mi addormento più.	*Giovanni:*	Ich bin nervös (wörtl. fühle mich gereizt), ich wache nachts auf und dann schlafe ich nicht mehr ein.
Dottore:	Non si addormenta più?	*Arzt:*	Sie schlafen nicht mehr ein?
Giovanni:	Dormo male, dormo malissimo!	*Giovanni:*	Ich schlafe schlecht, ich schlafe sehr schlecht!

So wird's verständlich:

mi sento bene	ich fühle mich gut/wohl
non mi sento bene	ich fühle mich nicht gut/wohl
mi sento male	ich fühle mich schlecht/unwohl
non mi sento male	ich fühle mich nicht schlecht/unwohl

sentirsi	sich fühlen
io **mi** sento	noi **ci** sentiamo
tu **ti** senti	voi **vi** sentite
lui/lei **si** sente	loro **si** sẹntono

mi sono sentito ich habe mich gefühlt

Maria si è sentita male	Maria hat sich schlecht gefühlt
Mario si è sentito male	Mario hat sich schlecht gefühlt

Bitte passen Sie auf, denn im Italienischen werden die rückbezüglichen Zeitwörter in der vollendeten Gegenwart mit *essere* = sein und nicht mit *avere* = haben gebeugt! Daher auch die Übereinstimmung des Mittelworts der Vergangenheit mit dem Satzgegenstand (Subjekt). (s. Lektion 9)

Hier die gebräuchlichsten Zeitwörter, die im Italienischen rückbezüglich sind:

addormentarsi	einschlafen
svegliarsi [zv]	aufwachen
chiamarsi	heißen/sich nennen
alzarsi	aufstehen
accomodarsi	Platz nehmen/sich hinsetzen
divertirsi	sich amüsieren
farsi male	sich weh tun/sich verletzen

bene gut
male schlecht

dormo bene	ich schlafe gut
dormo male	ich schlafe schlecht

bene/male sind Umstandswörter. Sie stehen beim Zeitwort und bleiben unverändert im Gegensatz zu:

buono gut
cattivo schlecht

il vino buono	der gute Wein
il vino cattivo	der schlechte Wein
la pizza buona	die gute Pizza
la pizza cattiva	die schlechte Pizza

buono/cattivo sind Eigenschaftswörter. Sie stehen beim Hauptwort und stimmen mit ihm in Zahl und Geschlecht überein.

Dialog 1: Come si chiama?

Giovanni fühlt sich nicht wohl. Er geht zum Arzt.

Giovanni: Vorrei farmi visitare dal dottore.
Infermiera: Bene, signore.
Giovanni: Quando riceve il dottor Bianchini?
Infermiera: Il dottore riceve dalle 15 alle 19.
Giovanni: Adesso sono le tre meno un quarto. Aspetto.
Infermiera: È la prima volta che viene dal dottor Bianchini?
Giovanni: Sì, è la prima volta.
Infermiera: *(schreibt auf)* Come si chiama?
Giovanni: Mi chiamo Giovanni Belli.
Infermiera: Dov'è nato?
Giovanni: Sono nato a Milano.
Infermiera: Quando?
Giovanni: il 10 novembre 1941.
Infermiera: La Sua professione?
Giovanni: Sono pittore.
Infermiera: Ah! Lei è un artista! Dove abita a Venezia?
Giovanni: Abito da amici, Campo Santa Maria Formosa 3456.
Infermiera: Prego, si accomodi nella sala d'aspetto.

Giovanni geht ins Wartezimmer. Viele Patienten warten auf den Arzt. Giovanni geht zu der Sprechstundenhilfe zurück.
Giovanni: Signorina, scusi.
Infermiera: Sì, signore?
Giovanni: Io non ho la mutua!
Infermiera: Ah! Ho capito, Lei non ha la mutua . . . bene, bene . . .

Privatpatienten werden auch in Italien bevorzugt behandelt, sie brauchen nicht zu warten!
Infermiera: Prego, si accomodi signor Belli, da questa parte.
Giovanni: Oh! Qui non c'è nessuno! Benissimo!
Infermiera: Il dottor Bianchini La riceve subito.
Giovanni: *(zu sich selbst)* E così, i pazienti della mutua aspettano e aspettano . . .

Wörter und Wendungen

il dottore	der Arzt
l'infermiera	die Kranken-schwester/Sprech-stundenhilfe
vorrei farmi visitare [z]	ich möchte mich untersuchen lassen
ricẹvere [tʃ]	empfangen
aspettare	warten
quando riceve?	wann hat er Sprechstunde?
riceve dalle 15 alle 19	er hat von 15 bis 19 Uhr Sprechstunde
la prima volta	das erstemal
venire dal dottore	zum Arzt kommen
chiamarsi/come si chiama? [k]	heißen/wie heißen Sie?
dov'è nato?	wo sind Sie geboren?
quando	wann
novembre (m)	November
la Sua professione	Ihr Beruf
un artista	ein Künstler
dove ạbita?	wo wohnen Sie?
ạbito da amici	ich wohne bei Freunden
accomodarsi	Platz nehmen
si accọmodi!	nehmen Sie Platz!
la sala d'aspetto	das Wartezimmer
non ho la mụtua	ich bin nicht in der Krankenkasse
la mụtua	die Krankenkasse
il paziente	der Patient

Dialog 2: Buon giorno, dottore.

Dottore: Buon giorno, signor Belli.
Giovanni: Buon giorno, dottore. Non mi sento bene.
Dottore: Ma come si sente?
Giovanni: Mi sento nervoso. Mi sveglio la notte e poi non mi addormento più.
Dottore: Non si addormenta più?
Giovanni: Sì, mi addormento, mi sveglio, poi mi riaddormento . . . .
Dottore: Ho capito, dorme male.
Giovanni: Dormo malissimo.
Dottore: Ha altri disturbi, vero?
Giovanni: Qualche volta mi gira la testa.
Dottore: Vediamo la pressione.
Giovanni: Io ho la pressione bassa di solito.
Dottore: Eh, no! Signor Belli, Lei ha la pressione alta, molto alta!
Giovanni: Di solito ho la pressione bassa!
Dottore: Vuole spogliarsi per favore.
Der Arzt horcht das Herz ab.

Dottore: Non andiamo mica bene. Non andiamo bene, signor Belli.
Giovanni: Il cuore è ammalato? Oh, Dio mio, dottore!
Dottore: Il Suo cuore è stanco.
Der Arzt tastet die Leber ab.
Dottore: Le fa male qui?
Giovanni: Ahi! Mi fa male!
Dottore: *(schüttelt den Kopf)* Non andiamo bene, non andiamo mica bene. Il fegato è ingrossato.
Giovanni: Ma dottore, ho la pressione alta, il cuore stanco, il fegato ingrossato. Mi sento male . . .
Dottore: Quante sigarette fuma al giorno?
Giovanni: Beh! Fumo circa 20 sigarette al giorno.
Dottore: E quanto beve?
Giovanni: Bevo qualche „ombretta" con gli amici.
Dottore: Lei beve „ombrette" prima di mangiare. Male, molto male!
Giovanni: Dottore, che cosa devo fare?
Dottore: Lei non deve fumare più una sigaretta,
Lei non deve bere più vino,
Lei deve mangiare poco e muoversi molto! Ha capito?
Giovanni: Ma dottore! Non posso più bere, non posso più fumare, non posso più mangiare. Lei mi condanna a morte!

Dottore: Si ricordi il fegato ingrossato . . . il cuore stanco . . . la pressione alta . . . Lei è quasi morto!

Giovanni verläßt leichenblaß den Doktor Bianchini. Auf der Straße trifft er Umberto und Bruno.

Umberto: Giovanni! Non ti senti bene?
Bruno: Cos'hai, ti senti male?
Giovanni: Sono quasi morto . . . sono quasi morto!
Umberto: Sei quasi morto?
Bruno: Ma va là! Sei vivo, sei vivissimo!
Umberto: Andiamo a bere un'ombretta!
Giovanni: *(erschrocken)* Un'ombretta?! No, non posso più bere!
Bruno und Umberto: Ma va là! Chi beve in compagnia campa cent'anni!
Giovanni: Sono vivo! Vivissimo!
Alle drei: Chi beve in compagnia campa cent'anni!

Wörter und Wendungen

la vịsita [z] mẹdica	die ärztliche Untersuchung
sentirsi bene/male	sich wohl/schlecht fühlen
nervoso	gereizt/nervös
addormentarsi	einschlafen
svegliarsi [zv]	aufwachen
la notte	die Nacht/nachts
e poi non mi addormento più	und dann schlafe ich nicht mehr ein
riaddormentarsi	wieder einschlafen
ha altri disturbi?	haben Sie andere Beschwerden?
qualche volta mi gira [dʒ] la testa	manchmal bin ich schwindlig
la pressione	der Blutdruck
basso/alto	niedrig/hoch
di sọlito	gewöhnlich
spogliarsi [ʎ]	sich ausziehen
non andiamo mica bene	es geht gar nicht gut
il cuore	das Herz
ammalato	krank
stanco	müde

Le fa male qui?	tut es Ihnen hier weh?
Ạhi! Mi fa male!	Au! Es tut mir weh!
il fẹgato	die Leber
ingrossato	geschwollen
la sigaretta	die Zigarette
quante sigarette fuma al giorno?	wieviel Zigaretten rauchen Sie am Tag?
beve	er/sie trinkt, Sie trinken
„ombretta"	venezianischer Ausdruck für ein Glas Wein, das man anstatt eines Aperitifs in einer Osteria mit Freunden trinkt
qualche (das nachfolgende Hauptwort steht immer in der Einzahl)	einige
prima di mangiare [dʒ]	vor dem Essen

Lei non deve fumare più	Sie dürfen nicht mehr rauchen	cos'hai?	was hast du?
muọversi	sich bewegen	ma va là!	aber geh!/aber ich bitte dich!
Lei mi condanna a morte!	Sie verurteilen mich zum Tode!	chi beve in compagnịa campa cent'anni (proverbio)	wer in Gesellschaft trinkt, lebt 100 Jahre (Sprichwort)
si ricordi ...	denken Sie an ...		
Lei è quasi [z] morto!	Sie sind fast tot!		

Übung

Übersetzen Sie bitte:
Ich fühle mich nicht sehr wohl. Wie fühlen Sie sich? Nervös. Ich schlafe schlecht. Ich kann nicht einschlafen. Doch, ich schlafe ein, dann wache ich wieder auf, ich schlafe nicht gut. Warum gehen Sie nicht zum Arzt? Ich bin gestern bei (dal) Doktor Rossi gewesen. Und was hat er gesagt? Er hat gesagt, es geht gar nicht gut; ich bin fast tot, hat er gesagt. Wie bitte (come)? Sie sind fast tot? Ja, die Leber, das Herz, der hohe Blutdruck usw. (Der) Dr. Rossi trinkt nicht und raucht nicht. Er ißt sehr wenig (molto poco). Seine Patienten dürfen nicht rauchen, nicht trinken und sollen (devono) wenig essen. Schon gut, aber wenn Sie sich nicht wohl fühlen, hat (der) Dr. Rossi vielleicht recht (ha ragione). Ich will aber nicht 100 Jahre alt werden!

LEKTION 18

Ripetizione — Wiederholung

Übungen

1. Wie sagt man das auf Italienisch?
   Du willst nicht. Er versteht mich nicht. Ich habe gehen wollen. Sie verstehen Italienisch sehr gut. Was haben Sie gesagt? Ich habe nicht verstanden. Willst du das Auto kaufen oder das Auto mieten? Ich will das Auto für einen Monat mieten. Schließt du eine Vollkaskoversicherung ab? Aber natürlich, ich will sorglos (senza pensieri) fahren. Ich habe nur eine Teilkaskoversicherung (contro terzi). Wenn ein Unfall passiert, zahlst du. Es kommt darauf an (dipende), wer schuld hat (di chi è la colpa).

2. Wie jedesmal bei der Wiederholung, möchte ich Sie bitten, die Dialoge der jeweiligen Lektionen auf der Cassette zu hören und sie dann nachzusprechen. Achten Sie dieses Mal besonders auf die Aussprache von *questa* oder *qui*. Versuchen Sie so nachzusprechen, wie Sie es auf der Cassette hören: **que***sta* . . . **qui** . . . **qua***ndo!*

3. Übersetzen Sie:
   Ist das das Haus Ihres Bruders? Nein, dieses ist mein Haus. Ach so! Und wo ist das Haus Ihres Bruders? Mein Bruder hat kein Haus, er wohnt bei unserer Schwester in der Stadt neben dem Postamt. Ich habe verstanden. Sie sprechen aber gut Italienisch. Nein, ich spreche es nur ein bißchen. Nein, Sie sprechen es ausgezeichnet. Man hört nur ein wenig die deutsche Aussprache (durch). Wenn Sie zum Beispiel (per esempio) „questa" sagen. Wieso (perchè)? Wir sprechen „questa" und nicht „kwesta", da liegt der Unterschied (questa è la differenza). Ach! Jetzt habe ich verstanden: questa, qui, quando, ist es so richtig (è giusto così)? Ausgezeichnet, ich habe gesagt, daß (che) Sie sehr gut Italienisch sprechen. Vielen Dank, Sie sind sehr freundlich.

4. Übersetzen Sie:
Schon gut, ich rede nicht mehr. Was sagen Sie? Ich habe gesagt, daß ich nicht mehr rede. Ich habe nicht gehört. Was haben Sie gesagt? Also, hören Sie mir zu, wenn ich spreche? Ich höre Musik, ich habe Sie nicht gehört. Ich höre Mina. Natürlich, Mina ist wichtiger als ich. Aber Mina ist eine hervorragende Sängerin (ottima cantante). Ich weiß, daß Mina sehr gut singt (cantare), aber was kann ich dafür (ci posso fare), wenn ich keine Schlagersängerin (cantante di musica leggera) bin. Aber ich bitte Sie, ich höre Ihnen zu, wenn Sie sprechen!

5. Come vi sentite? Spero (ich hoffe) bene! Allora facciamo questo esercizio (Übung):
Wie heißen Sie? Ich heiße Maier. Sie heißen Maier und wie weiter (dann)? Ich heiße Anton Maier. Wo sind Sie geboren? Ich bin in Berlin geboren. Wann? Am 15. März 1943. Wo wohnen Sie hier? Ich wohne im Hotel Vierjahreszeiten. Für wie lange (quanto tempo)? 3 Wochen (lang). Wo haben Sie sich verletzt? Ich habe mch am Fuß (al piede) verletzt. Tut es Ihnen hier weh? Au! Es tut weh! Bitte, nehmen Sie Platz, der Arzt kommt sofort. Danke.

6. Wir bringen jetzt eine Zusammenfassung der italienischen Verhältniswörter:

1. Verhältniswörter

di – a – da – in – con – su – per – fra

Die Verhältniswörter **di, a, da, in** und **su** werden wie folgt mit dem bestimmten Geschlechtswort verschmolzen:

di + il = del	a + il = al	da + il = dal
di + la = della	a + la = alla	da + la = dalla
di + lo = dello	a + lo = allo	da + lo = dallo
di + le = delle	a + le = alle	da + le = dalle
di + i = dei	a + i = ai	da + i = dai
di + gli = degli	a + gli = agli	da + gli = dagli
di + l' = dell'	a + l' = all'	da + l' = dall'

in + il = nel	su + il = sul
in + la = nella	su + la = sulla
in + lo = nello	su + lo = sullo
in + le = nelle	su + le = sulle
in + i = nei	su + i = sui
in + gli = negli	su + gli = sugli
in + l' = nell'	su + l' = sull'

Die Verhältniswörter **con, per** und **fra** werden nicht mit dem bestimmten Geschlechtswort verschmolzen.

di:	*La macchina* **dello** *studente*	Das Auto des Studenten
	La casa **dell'***amica*	Das Haus der Freundin
a:	*Diamo la macchina* **allo** *studente*	Wir geben das Auto dem Studenten
	Vendo la casa **allo** *studente*	Ich verkaufe das Haus dem Studenten
da:	*Vengo* **dalla** *Germania*	Ich komme aus Deutschland
	Andiamo **dal** *dottore*	Wir gehen zum Arzt
in:	*I soldi* **nel** *portafoglio*	Das Geld im Portemonnaie
	Nel *mare ci sono i pesci*	Im Meer sind die Fische
con:	*Vado* **con gli** *amici*	Ich gehe mit den Freunden
	Venite **con i** *bambini?*	Kommt ihr mit den Kindern?
su:	*La sedia a sdraio è* **sulla** *spiaggia*	Der Liegestuhl steht am Strand
	Il professore parla **sui** *problemi di Venezia*	Der Professor spricht über die Probleme Venedigs
per:	*Parto* **per** *Napoli*	Ich fahre nach Neapel
	La collana **per** *Anna*	Die Halskette für Anna
fra:	*Vado in albergo* **fra** *un'ora*	Ich gehe in einer Stunde ins Hotel
	detto **fra** *noi*	unter uns gesagt

2. Fallbeugung

In der italienischen Sprache bleiben die Hauptwörter – im Gegensatz zur deutschen Sprache – unverändert in den verschiedenen Fällen. Die Fälle werden durch Vorsetzen eines Verhältniswortes gebildet:

a: männliche Hauptwörter

1. Fall (wer? was?)	il signore i signori	lo studente gli studenti	l'orologio gli orologi
2. Fall (wessen?)	del signore dei signori	dello studente degli studenti	dell'orologio degli orologi
3. Fall (wem?)	al signore ai signori	allo studente agli studenti	all'orologio agli orologi
4. Fall (wen?)	il signore i signori	lo studente gli studenti	l'orologio gli orologi

b: weibliche Hauptwörter

1. Fall (wer? was?)	la casa le case	l'amica le amiche
2. Fall (wessen?)	della casa delle case	dell'amica delle amiche
3. Fall (wem?)	alla casa alle case	all'amica alle amiche
4. Fall (wen?)	la casa le case	l'amica le amiche

LEKTION 19

Il viaggio di nozze

Was wird gelernt?

mi piace, ti piace usw. — preferire — finire — capire

Lui:	Cara, dove andiamo in viaggio di nozze?	*Er:*	Liebling, wohin fahren wir auf der Hochzeitsreise?
Lei:	Facciamo un lungo viaggio, vero caro?	*Sie:*	Wir machen eine lange Reise, nicht wahr, Liebling?
Lui:	Sì, ma che cosa preferisci? Il mare, la montagna?	*Er:*	Sicher, aber was ziehst du vor? Das Meer, die Berge?
Lei:	Mi piace tanto il mare.	*Sie:*	Mir gefällt das Meer sehr.
Lui:	Io preferisco la montagna.	*Er:*	Ich ziehe das Gebirge vor.
Lei:	E io preferisco il mare!	*Sie:*	Und ich ziehe das Meer vor!

So wird's verständlich:

mi piace *il mare* — **mir gefällt** das Meer
non mi piace *il mare* — **mir gefällt** das Meer **nicht**

mi	piace	mir	gefällt
ti	piace	dir	gefällt
gli	piace	ihm	gefällt
le	piace	ihr	gefällt
ci	piace	uns	gefällt
vi	piace	euch	gefällt
piace	**loro**	ihnen	gefällt
mi è	piaciuto	mir hat	gefallen

Das sind die Formen des 3. Falles (Dativ) der persönlichen Fürwörter. Es sind die unbetonten Formen; sie werden vor das Zeitwort gestellt. Nur in der dritten Person Mehrzahl wird das persönliche Fürwort nachgestellt: *piace* **loro** es gefällt ihnen. Gefällt es Ihnen? *Le piace?* Wie immer, wird auch hier die Höflichkeitsform groß geschrieben.

preferisco *la montagna* ich ziehe die Berge vor

preferire	vorziehen
io prefer**isco**	noi prefer**iamo**
tu prefer**isci**	voi prefer**ite**
lui/lei prefer**isce**	loro prefer**iscono**
io ho preferito	ich habe es vorgezogen

Mehrere Zeitwörter, die auf **-ire** enden, werden so gebeugt z. B. **finire** enden, beenden; **fiorire** blühen; **capire** verstehen
io finisco domani
la rosa fiorisce
non capisco l'arabo

Dialog 1: Mi piace tanto il mare — Io preferisco la montagna

Zwei Verlobte schmieden Pläne für die Hochzeitsreise.

Lui: Cara, dove andiamo in viaggio di nozze?
Lei: Facciamo un lungo viaggio, vero caro?
Lui: Sì, ma che cosa preferisci? Il mare, la montagna?
Lei: Mi piace tanto il mare.
Lui: Io preferisco la montagna.
Lei: E io preferisco il mare!
Lui: *(holt die Italienkarte)* Ho un'idea bellissima!
Lei: Quale?
Lui: Andiamo in Italia meridionale . . .
Lei: Che buona idea, andiamo al Sud. C'è il mare!
Lui: E ci sono anche le montagne!
Lei: E ci sono tante cose interessanti da vedere. Mi piacciono tanto i templi greci. Andiamo in Sicilia!

Lui: Preferisci l'albergo o prendiamo la roulotte?
Lei: Prendiamo la roulotte. Facciamo il campeggio.
Lui: Sì, facciamo tutta l'Italia a tappe.
Lei: Sì, andiamo fino in Sicilia. Mi piacciono tanto le isole.
Lui: Vuoi andare fino in Sicilia?
Lei: Io faccio il bagno a Taormina e tu vai sull'Etna. Così io ho il mare e tu hai la montagna. Ti piace la mia idea?
Lui: Non mi piace per niente!
Lei: Perchè non ti piace?
Lui: Perchè in Sicilia non ti lascio sola ...
Lei: Sei geloso, caro?
Lui: I siciliani sono focosi, ti rapiscono!
Lei: Mi rapiscono? Mi rapiscono per amore ... e tu sei geloso!
Lui: Certo, perchè tu sei carina ...
Lei: ... non solo i siciliani sono focosi ...
Lui: Quando partiamo per il viaggio di nozze?
Lei: Dopo il matrimonio, naturalmente.
Lui: Ma quando ci sposiamo?

Lei: In maggio, quando fioriscono le rose. Mi piacciono tanto le rose.
Lui: *(pflückt eine Rose)* Ecco, cara, una rosa. Le rose fioriscono anche in autunno. Ci sposiamo subito?
Lei: Sì, e facciamo la luna di miele al mare . . .
Lui: No, in montagna . . . sul vulcano Etna!
Lei: E il mare? A me piace il mare.
Lui: Ma, cara, dal vulcano Etna vedi tanto mare.

Wörter und Wendungen

il viaggio [dʒ] di nozze	die Hochzeitsreise
un lungo viaggio	eine lange Reise
caro, cara	Liebling/Liebste(r)
la montagna [ɲ]	das Gebirge/die Berge
ho un'idea bellissima	ich habe eine tolle Idee
quale?	welche?/was für eine?
Italia meridionale	Süditalien
il Sud	der Süden
tante cose interessanti da vedere	viel Interessantes zu sehen
il tempio – i templi	der Tempel – die Tempel
andiamo in Sicilia [tʃ]	wir fahren nach Sizilien
la roulotte	der Wohnwagen
il campeggio [dʒ]	der Campingplatz/das Camping/das Zelten
fare il campeggio	campen/zelten
a tappe	etappenweise/in Etappen
fino in Sicilia	bis nach Sizilien
l'ịsola [z]	die Insel
Taormina	bekannter Badeort und kunsthistorisch interessante Stadt Siziliens
a me	mir (betont)

Etna (m)	der höchste Berg Siziliens: 3279 m hoch. Auf dem Vulkan Ätna kann man auch im Sommer Ski fahren. Allerdings nicht, wenn er Feuer spuckt!
non mi piace per niente!	es gefällt mir gar nicht!
non ti lascio [ʃ] sola	ich lasse dich nicht alleine
geloso [dʒ]	eifersüchtig
i siciliani [tʃ]	die Sizilianer
focoso	feurig
rapire/mi rapịscono	entführen/sie entführen mich
per amore	aus Liebe
certo	sicher/gewiß
carino	hübsch
il matrimonio	die Hochzeit/die Ehe
sposarsi [z]	heiraten
quando ci sposiamo?	wann heiraten wir?
in maggio [dʒ]	im Mai
la rosa [z]	die Rose
quando fiorịscono le rose	wenn die Rosen blühen
la luna di miele	die Flitterwochen
il vulcano	der Vulkan
tanto	(so) sehr/viel

Dialog 2: Il matrimonio

Das Brautpaar verläßt unter den Klängen des Hochzeitsmarsches die Kirche. Die Hochzeitsgäste werfen Reiskörner über das Paar; das bedeutet Glück und Kindersegen.

Amici: Evviva gli sposi! Evviva gli sposi!

Sposi: Grazie! Grazie!

Michele: *(der Hausfotograf)* Un momento, facciamo una fotografia! Gli sposi in mezzo. A destra i genitori dello sposo. A sinistra i genitori della sposa.

Sposa: Dov'è la nonna? Nonna vieni qui.

Sposo: Dov'è lo zio Paolo? Zio, vieni, facciamo la fotografia.

Michele: Ci siete tutti? Attenzione! Guardate qui ... ecco fatto!

Pierino: *(der kleine Neffe)* Ecco, anch'io ho fatto una fotografia del tuo matromonio. Ti Piace?

Sposa: Ma bravo Pierino. È bellissima. Mi piace molto. Ti piacciono i confetti?

Pierino: Oh! Sì, mi piacciono!

Sposa: Eccoli!

Pierino: Sai perchè mi piacciono i matrimoni? Perchè mi piacciono i confetti!

Sposo: Vieni Pierino, vieni con noi in gondola!

Pierino: *(rennt zu seiner Mutter)* Mamma, io vado nella gondola degli sposi! Ciao, mamma!

Sposi: Pierino, tu sei il nostro „porta fortuna"!

Pierino: *(zu seiner Mutter)* Mamma, che cosa vuol dire „porta fortuna"?

Mamma: *(lächelnd)* Vuol dire che gli sposi vogliono avere tanti bambini!

Pierino: Non capisco. Ma non importa niente. Mi piacciono i confetti e mi piacciono i matrimoni.

Wörter und Wendungen

lo sposo/la sposa [z]	der Bräutigam/die Braut
evviva gli sposi!	hoch lebe das Brautpaar!
la fotografịa	die Fotografie
in mezzo [dz]	in der Mitte
a destra	rechts
a sinistra	links
i genitori [dʒ]	die Eltern
i suọceri [tʃ]	die Schwiegereltern
la nonna	die Großmutter
lo zio	der Onkel
il nipote	der Neffe
il cugino [dʒ]	der Vetter
i confetti	Zuckermandeln mit weißem Guß, der süße Gruß der Brautpaare in Italien
mi piạcciono i confetti	mir schmecken die Zuckermandeln
il „porta fortuna"	der Glücksbringer
mi è piaciuto	mir hat geschmeckt
bel	Kurzform von bello

Übungen

Chi sono le persone sulla fotografia del matrimonio?

2. **mi piacciono i confetti** – mir schmecken die Zuckermandeln
Wie Sie sehen, bedeutet *piacere* nicht nur gefallen, sondern auch schmecken!
Bitte übersetzen Sie:
Gefallen sie dir, die Fotos? Ja, sie gefallen mir sehr. Wann hast du sie gemacht? Ich habe sie bei der Hochzeit von Giuliana gemacht. Ist das eine schöne Hochzeit gewesen? Doch, die Braut hat mir in ihrem Brautkleid (ạbito da sposa) sehr gefallen. Und der Hochzeitskuchen (la torta nuziale) hat dir geschmeckt? Er hat mir ausgezeichnet geschmeckt. Wohin ist das Brautpaar auf der Hochzeitsreise gefahren? Ich weiß es nicht. Er zieht das Gebirge vor, sie das Meer. Na, das fängt gut an (comincia bene)!

LEKTION 20

Il direttore e la segretaria

Was wird gelernt?

potere — sapere — dovere
la lettera commerciale

Direttore:	Signorina, devo andare ad una seduta alla Camera di Commercio.	*Direktor:*	Fräulein (Verdi), ich muß zu einer Sitzung in die Handelskammer gehen.
Segretaria:	Va bene, direttore. La devo chiamare per cose urgenti?	*Sekretärin:*	Gut, Herr Direktor. Soll ich Sie bei dringenden Angelegenheiten anrufen?
Direttore:	No, non posso essere disturbato.	*Direktor:*	Nein, ich darf nicht gestört werden.
Segretaria:	Devo chiamare il capoufficio in casi urgenti?	*Sekretärin:*	Soll ich in dringenden Fällen den Abteilungsleiter anrufen?
Direttore:	Dipende. Deve decidere Lei. Lei sa che cosa deve fare.	*Direktor:*	Es kommt darauf an. Sie müssen entscheiden. Sie wissen, was Sie zu tun haben.

So wird's verständlich:

potere können/dürfen
sapere können/wissen

potere wird gebraucht, wenn es sich um **körperliche Fähigkeiten** bzw. gewisse **äußere Bedingungen** handelt, z. B. *posso camminare ancora dieci minuti* ich kann noch 10 Minuten laufen; *non posso leggere il giornale, è buio* ich kann die Zeitung nicht lesen, es ist dunkel.

Außerdem wird *potere* im Sinne von dürfen verwendet, z. B. *posso entrare?* darf ich eintreten?; *posso fumare?* darf ich rauchen?; *qui non si può fumare* hier darf man nicht rauchen, hier darf nicht geraucht werden.
Die Beugung (Konjugation) von *potere* haben wir schon in Lektion 10 geübt.

sapere wird dagegen gebraucht, wenn es sich um **geistige Fähigkeiten** bzw. die Beherrschung einer Sache – im Sinne von **wissen, gelernt haben, verstehen** – handelt, z. B. *Sai guidare la macchina?* Kannst du Auto fahren? *Sì, ma non posso*. Ja, aber ich darf nicht. *Perchè?* Warum? *Perchè non voglio mettere gli occhiali!* Weil ich keine Brille tragen will! *Pierino non sa parlare, è troppo piccolo*. Pierino kann nicht sprechen, er ist zu klein.

dovere sollen/müssen

Hier gibt es keine Schwierigkeiten, denn **dovere** heißt sowohl **sollen** als auch **müssen:**
Devo andare con la macchina o con il treno?
Soll ich mit dem Auto oder mit dem Zug fahren?
Devo andare tutti i giorni dal dentista
Ich muß jeden Tag zum Zahnarzt gehen
Devo studiare l'italiano
Ich soll oder ich muß Italienisch lernen . . . so wie Sie es auslegen wollen!

Hier haben Sie etwas zu üben: die Gegenwartsform von

dovere		**sapere**	
io devo	noi dobbiamo	io so	noi sappiamo
tu devi	voi dovete	tu sai	voi sapete
lui/lei deve	loro dẹvono	lui/lei sa	loro sanno
io ho dovuto		io ho saputo	

Dialog: Il direttore e la segretaria

Im Chefsekretariat einer Import-Export-Firma.

Direttore:	Signorina, devo andare ad una seduta alla Camera di Commercio.
Segretaria:	La devo chiamare per cose urgenti?
Direttore:	No, non posso essere disturbato.
Segretaria:	Devo chiamare il capoufficio per cose importanti?
Direttore:	Dipende. Deve decidere Lei. Lei sa che cosa deve fare.
Segretaria:	Può firmare questa lettera, deve partire subito.
Direttore:	Che cos'è?
Segretaria:	È l'ordinazione dei pezzi di ricambio svedesi.
Direttore:	Sì, deve partire subito.
Segretaria:	È arrivato il telex da Amburgo.
Direttore:	Ah! Finalmente! Quando spediscono la merce?
Segretaria:	La spediscono la settimana prossima per mare.
Direttore:	Per mare? Ma è urgente. La devono spedire per via aerea.

Segretaria: Va bene, faccio un telex.
Direttore: Devo andare. Arrivederci.
Segretaria: Arrivederci, direttore.
Das Telefon läutet.
Segretaria: Qui la ditta Nord-Sud. Pronto, chi parla?
Voce maschile: Sono il capoufficio acquisti della ditta Compitex.
Segretaria: La Vostra ditta non è nostra cliente, vero?
Voce maschile: Non ancora. Vorrei parlare con il direttore della Vostra ditta per una grossa ordinazione.
Segretaria: La faccio parlare con il capoufficio vendite.
Voce maschile: Preferisco parlare con il direttore personalmente. La nostra ditta è molto importante e possiamo diventare un ottimo cliente. Dipende dai prezzi!
Segretaria: Il direttore non è in ufficio. La posso chiamare quando ritorna.
Voce maschile: D'accordo. Il nostro numero è 5423678. Arrivederci.
Segretaria: Grazie della Sua telefonata.

Wörter und Wendungen

il direttore	der Direktor
la segretaria	die Sekretärin
una seduta	eine Sitzung
la Cạmera di Commercio [tʃ]	die Industrie- und Handelskammer
chiamare [k]	rufen/anrufen
per cose urgenti [dʒ]	bei dringenden Angelegenheiten
non posso essere disturbato	ich darf nicht gestört werden
in casi [z] urgenti [dʒ]	in dringenden Fällen
il capoufficio [tʃ]	der Abteilungs-leiter
il capoufficio acquisti/vẹndite	der Leiter der Einkaufs/Verkaufs-abteilung
decịdere [tʃ]	entscheiden
dipende	es kommt darauf an
firmare	unterschreiben
la lẹttera	der Brief
la lettera commer-ciale [tʃ]	der Handelsbrief
l'ordinazione	die Bestellung
ordinare	bestellen
i pezzi di ricambio	die Ersatzteile
svedese [zv]	schwedisch
il telex	das Telex
da Amburgo	aus Hamburg
spedire	senden/ver-schicken
la merce [tʃ]	die Ware
la settimana prọssima	nächste Woche
per mare/per vịa aẹrea	per Schiff/per Flugzeug/Luft-fracht
una voce [tʃ] maschile [k]	eine männliche Stimme
pronto, chi parla?	Hallo! Wer ist am Apparat?

la ditta	die Firma	dipende dai prezzi	es kommt auf die Preise an/es hängt von den Preisen ab
il cliente	der Kunde		
non ancora	noch nicht		
per una grossa ordinazione	wegen einer großen Bestellung	in ufficio/ l'ufficio [tʃ]	im Büro/das Büro
personalmente	persönlich	d'accordo	einverstanden
diventare	werden	grazie della Sua telefonata	danke für Ihren Anruf

Una lettera commerciale — Ein Handelsbrief

Spett. Ditta
Feltrinelli & Figli
Piazza Agnelli, 7
Torino

Milano, il 6 aprile 1979

Oggetto: Vs. ordinazione Nr. 7154: pezzi di ricambio svedesi

Egregi signori,
la ditta svedese che produce i pezzi di ricambio da Voi ordinati, ci ha comunicato che spedisce la merce lunedì prossimo per via aerea. Vi alleghiamo il telex per Vs. conoscenza.
Contiamo di potere consegnare la merce la prossima settimana.
Vi ringraziamo per la Vs. fiducia e Vi salutiamo distintamente.

NORD-SUD SpA
Ufficio Vendite

Firma
Feltrinelli & Söhne
Piazza Agnelli 7
Turin

Mailand, den 6. 4. 79

Betr.: Ihre Bestellung Nr. 7154: schwedische Ersatzteile

Sehr geehrte Herren,
die schwedische Firma, die die von Ihnen bestellten Ersatzteile herstellt, hat uns mitgeteilt, daß sie die Ware nächsten Montag per Luftfracht absenden wird. Zu Ihrer Kenntnisnahme legen wir das Telex bei.
Wir rechnen damit, die Ware nächste Woche liefern zu können.
Wir danken für Ihr Vertrauen und verbleiben

mit freundlichen Grüßen
NORD-SÜD AG
Verkaufsabteilung

Bemerkungen

1. Was in einem Handelsbrief sofort auffällt, ist die Anredeform: Hier wird die zweite Person Mehrzahl anstatt der dritten Person Einzahl verwendet:

verwendet:	Vi ringraziamo	wir danken Ihnen (wörtl. euch)
	Vi alleghiamo	wir legen Ihnen (euch) bei
	Vi salutiamo	wir grüßen Sie (euch)

2. Häufig werden Abkürzungen verwendet:
   Vs. = Vostro/ns. = nostro
   Spett. = spettabile = geschätzt; Spett. Ditta = (an) Firma
   SpA = Società per Azioni = Aktiengesellschaft (AG)

Übungen

1. Übersetzen Sie:
   In dringenden Fällen dürfen Sie mich anrufen. Soll ich die Ersatzteile bestellen? Ja, Sie sollen sie sofort bestellen. Es ist dringend. Der Direktor ist nicht im Büro, ich verbinde Sie (La faccio parlare) mit dem Leiter der Verkaufsabteilung. Nein, ich möchte mit dem Direktor persönlich sprechen. Ich kann Sie anrufen, wenn er zurückkommt. Einverstanden. Unsere Telefonnummer (nụmero di tẹlefono) ist: 23456 und unsere Adresse (indirizzo) ist: Mailand, Manzoniplatz 45.

2. Hören Sie den Dialog 1 auf der Cassette an und sprechen Sie ihn frei nach.

LEKTION 21

La macchina ha un guasto

Was wird gelernt?

farmi — comprarlo — vederla — scrivergli

Cliente: Buon giorno. È Lei il capo officina?	*Kunde:* Guten Tag, sind Sie der Werkstattleiter?
Capo officina: Sì, sono io.	*Werkstattleiter:* Ja, der bin ich.
Cliente: La macchina ha un guasto.	*Kunde:* Das Auto hat einen Defekt.
Capo officina: Dove?	*Werkstattleiter:* Wo?
Cliente: Il termostato è rotto. Può ripararlo?	*Kunde:* Der Thermostat ist kaputt. Können Sie ihn reparieren?
Capo officina: Mi dispiace. Non posso ripararlo.	*Werkstattleiter:* Es tut mir leid. Ich kann ihn nicht reparieren.
Cliente: Mi faccia un piacere!	*Kunde:* Tun Sie mir einen Gefallen!
Capo officina: Non posso farle questo piacere. Non ho il pezzo d ricambio.	*Werkstattleiter:* Ich kann Ihnen diesen Gefallen nicht tun. Ich habe das Ersatzteil nicht.

So wird's verständlich:

*Può far***mi** *un piacere?*	Können Sie mir einen Gefallen tun?
Mi *può fare un piacere?*	Können Sie mir einen Gefallen tun?
*Può riparar***lo***?*	Können Sie ihn reparieren?
Lo *può riparare?*	Können Sie ihn reparieren?

Wie man sieht, können die persönlichen Fürwörter an die Nennform eines Zeitwortes angehängt werden. Dies ist sogar die üblichste Form. Hier weitere Beispiele:

Non voglio comprarlo **comprar/e** – comprar**lo**
Ich will ihn nicht kaufen
Quando vai a vederla? **veder/e** – verder**la**
Wann gehst du sie besuchen?
Non ho tempo di scrivergli **scriver/e** – scriver**gli**
Ich habe keine Zeit, ihm zu schreiben

Über die persönlichen Fürwörter haben wir in den Lektionen 10 und 19 gesprochen. Blättern Sie bitte nochmals zurück, denn das Kapitel ist noch nicht abgeschlossen. Darüber später mehr.

Dialog 1: La macchina ha un guasto

In einer Autowerkstatt.

Cliente: Buon giorno. È Lei il capo officina?
Capo officina: Sì, sono io.
Cliente: La macchina ha un guasto.
Capo officina: Dove?

Cliente: Il termostato è rotto. Può ripararlo?

Capo officina: Mi dispiace, non posso ripararlo.

Cliente: Mi faccia un piacere!

Capo officina: Non posso farle* questo piacere. Non ho il pezzo di ricambio.

Cliente: È necessario il pezzo di ricambio originale?

Capo officina: Per forza!

Cliente: Non può ripararlo provvisoriamente?

Capo officina: Ma come faccio? Se il termostato è rotto, è rotto!

Cliente: Perchè la Sua officina non ha un termostato nuovo?

Capo officina: Sì, io ho un termostato nuovo, ma non posso montarlo sulla Sua macchina.

Cliente: Perchè?

Capo officina: (*geduldig*) Perchè non è il pezzo originale.

Cliente: Che guaio!

Capo officina: La mia officina non è un centro d'assistenza per la marca della Sua macchina.

Cliente: E dov'è il prossimo centro d'assistenza per la mia macchina?

Capo officina: A Padova. A 60 chilometri da qui.

Cliente: Che guaio! Io ho bisogno della macchina!

Capo officina: Lo so, ma non posso accontentarla.

Cliente: Telefoniamo e Padova. Forse possono mandarci il pezzo di ricambio.

Capo officina: Va bene. Telefoniamo. Vorrei farle un favore, ma come faccio? Ho bisogno del pezzo di ricambio originale!

* Wird das persönliche Fürwort an die Nennform des Zeitwortes angehängt, schreibt man heute die Höflichkeitsform meist klein.

Wörter und Wendungen

il capo officina	der Werkstattleiter	rotto – rọmpere	kaputt – zerbrechen/kaputtmachen
l'officina [tʃ]	die Autowerkstatt/ die Werkstatt		
un guasto	eine Panne/ein Schaden, Defekt	riparare	instand setzen/ reparieren
il termọstato	der Thermostat		

mi faccia un piacere!	tun Sie mir einen Gefallen!
non posso farle questo piacere	ich kann Ihnen diesen Gefallen nicht tun
il pezzo di ricambio	das Ersatzteil
è necessario [tʃ]	es ist notwendig
originale [dʒ]	Original ...
per forza!	natürlich!/selbstverständlich!
provvisoriamente [z]	provisorisch
come faccio?	wie mache ich das?
se	wenn

montare	montieren
che guaio!	was für ein Pech!/das ist schlimm!
un centro [tʃ] d'assistenza	eine Vertragswerkstatt
la marca dell'automọbile/della mạcchina	die Automarke
Pạdova	Padua
a sessanta chilọmetri da qui	60 km von hier (entfernt)
io ho bisogno della macchina	ich brauche das Auto
accontentare	zufriedenstellen
mandare	schicken/senden

Dialog 2: Voglio farti vedere il motore

Die Vertragswerkstatt kann das Ersatzteil nicht gleich liefern.

Capo officina: Prima di domani non possono mandarci il termostato.
Cliente: Ma io ho bisogno della macchina oggi e non domani!
Capo officina: Mi dispiace, ma io non ho tempo di andare a Padova.
Cliente: Che guaio!
Eine hübsche Frau kommt in die Werkstatt.
Luisella: Ciao, Gianni.
Capo officina: Ciao, Luisella.
Luisella: È arrivata la macchina?
Capo officina: Eccola, ti piace?
Luisella: (*bewundert ihren Sportwagen*) Mi piace moltissimo ... voglio guardarla bene! La linea è stupenda. E il colore ... bello!
Capo officina: Voglio farti vedere il motore.
Luisella: (*lächelt*) Vuoi farmi vedere il motore?
Capo officina: Ecco, ci sono due carburatori.
Luisella: Due carburatori? E la messa a punto è un problema?
Capo officina: No, assolutamente.
Luisella: Devo venire spesso in officina per la messa a punto?

Capo officina: Per forza! È una macchina sprint!
Luisella: Quanto fa all'ora?
Capo officina: Fa i duecento!
Luisella: Fa i duecento, veramente?
Capo officina: Vuoi provarla?
Luisella: Sì, voglio provarla subito sull'autostrada. Finalmente ho una macchina veloce!
Capo officina: C'è anche il freno nella tua macchina . . . lo sai?
Luisella: Vuoi prendermi in giro?
Capo officina: No, so che sai guidare bene.
Luisella: Andiamo a Padova a bere il caffè?
Capo officina: Sì, è tutta autostrada. Andiamo a Padova.
Cliente: (*wird stutzig*) Andate a Padova?
Luisella: (*am Steuer*) Sì, andiamo a bere il caffè a 200 all'ora!
Cliente: Signorina, può farmi un piacere?
Luisella: Sì, certamente.

Cliente: Può comprarmi un termostato?
Luisella: Devo comprarle un termostato?
Cliente: Mi faccia un favore! Un termostato nuovo!
Luisella: Vado a comprare una candela ... a Padova!
Cliente: Io ho bisogno di un termostato non di una candela!
Luisella: Ma io ho bisogno di una candela ... di una candela di S. Antonio!
Cliente: Di una candela di S. Antonio? Non capisco.
Luisella: Con una macchina che fa i duecento all'ora ho bisogno anche di S. Antonio!
Capo officina: E del meccanico di bordo!

Wörter und Wendungen

prima di domani	vor morgen
non ho tempo	ich habe keine Zeit
la lịnea	die Linie
stupendo	wunderschön
il colore	die Farbe
il motore	der Motor
il carburatore	der Vergaser
la messa a punto	die Vergaser-einstellung
il problema	das Problem
assolutamente	durchaus
spesso	oft
una macchina sprint	ein spritziges Auto/Sportwagen
quanto fa all'ora?	wie schnell fährt es in der Stunde?
fa i duecento (chilọmetri)	es fährt 200 km in der Stunde
vuoi provarla?	willst du es ausprobieren?/willst du eine Probefahrt machen?
sull'autostrada/tutta autostrada	auf der Autobahn/alles Autobahn
finalmente	endlich
veloce [tʃ]	schnell
il freno	die Bremse
vuoi prẹndermi in giro?	willst du mich auf den Arm nehmen?
sai	du kannst/weißt
bere il caffè	Kaffee trinken
una candela	eine Kerze/Zündkerze
S. Antonio di Pạdova	der heilige Anton von Padua ist der beliebteste Schutzheilige Italiens
il meccạnico di bordo	der Bord-mechaniker

Übungen

1. Der Werkstattleiter und die hübsche Luisella siezen sich jetzt; setzen Sie den Dialog der beiden in die Höflichkeitsform!

2. Hängen Sie die persönlichen Fürwörter an die Nennform der folgenden Zeitwörter an:
la voglio provare – non li posso comprare – quando li devi vedere? – gli voglio telefonare domani – non Le posso scrivere oggi

LEKTION 22

L'amica paurosa

Was wird gelernt?

sorpassa! — non sorpassare! — sorpassala!

Paola:	Va adagio!	*Paola:*	Fahr langsam!
Giovanni:	Non vado veloce.	*Giovanni:*	Ich fahre nicht schnell.
Paola:	Rallenta!	*Paola:*	Fahr langsamer!
Giovanni:	Non c'è limitazione di velocità.	*Giovanni:*	Hier ist (wörtl. es gibt) keine Geschwindigkeitsbeschränkung.
Paola:	Non sorpassare! È pericoloso!	*Paola:*	Überhole nicht! Es ist gefährlich!
Giovanni:	Non è pericoloso. Non c'è traffico.	*Giovanni:*	Es ist nicht gefährlich. Es ist kein Verkehr.
Paola:	Sta attento! C'è un incrocio.	*Paola:*	Paß auf! Da ist eine Kreuzung.
Giovanni:	Io ho la precedenza.	*Giovanni:*	Ich habe Vorfahrt.

So wird's verständlich:

va *adagio!*	fahr langsam!
sta *attento!*	paß auf!
sorpassa!	überhole!
non sorpassare!	überhole nicht!

Wir sprechen heute über die Befehlsform. Üben Sie bitte die regelmäßigen Zeitwörter, die auf -**are**, -**ere**, -**ire** enden!

sorpassare	**mettere**	**partire**	**capire**
sorpass**a**!	mett**i**!	part**i**!	capi**sci**!
non sorpass**are**!	non mett**ere**!	non part**ire**	non cap**ire**!
sorpass**i**!	mett**a**!	part**a**!	capi**sca**!
sorpass**iamo**!	mett**iamo**	part**iamo**!	cap**iamo**!
sorpass**ate**!	mett**ete**	part**ite**!	cap**ite**!
sorpass**ino**!	mett**ano**!	part**ano**!	capi**scano**!

Bemerkungen:

1. Die Verneinung der 2. Person Einzahl wird so gebildet:
   non sorpassare! — überhole nicht!
   non parlare! — sprich nicht!
   non partire! — fahr nicht fort!
   Also, das Verneinungswort **non** und die **Nennform**.

2. Die persönlichen Fürwörter werden in der 2. Person Einzahl sowie in der 1. und 2. Person Mehrzahl nachgestellt, und zwar unmittelbar an die Zeitwortform angehängt:
   sorpassa la macchina! — überhole das Auto!
   *sorpassa*__la__*!* — überhole es!
   sorpassiamo la macchina! — überholen wir das Auto!
   *sorpassiamo*__la__*!* — überholen wir es!
   sorpassate la macchina! — überholt das Auto!
   *sorpassate*__la__ — überholt es!

3. In der Anrede, also in der 3. Person Einzahl und Mehrzahl, bleibt das persönliche Fürwort vor der Befehlsform stehen:
   sorpassi la macchina! — überholen Sie das Auto!
   la *sorpassi!* — überholen Sie es!
   sorpassino la macchina! — überholen Sie (Mehrz.) das Auto!
   la *sorpassino!* — überholen Sie (Mehrz.) es!

Dialog 1: L'amica paurosa

Giovanni und Paola sind mit dem Auto unterwegs.

Paola: Va adagio!
Giovanni: Non vado veloce.
Paola: Rallenta!
Giovanni: Non c'è limitazione di velocità.
Paola: Non sorpassare! È pericoloso!
Giovanni: Non è pericoloso. Non c'è traffico.
Paola: Sta attento! C'è un incrocio!
Giovanni: Io ho la precedenza.
Paola: Frena! C'è una macchina a destra.
Giovanni: L'ho vista.
Paola: Sta attento! C'è un camion a sinistra.
Giovanni: È fermo.
Paola: Fermati! Ci sono le strisce pedonali.
Giovanni: Non ci sono i pedoni.
Paola: Non andare a sinistra! Va a destra!
Giovanni: No, vado a sinistra. Vado alla stazione.
Paola: Perchè vai alla stazione?
Giovenni: Perchè tu continui il viaggio in treno, cara. Buon viaggio!

Wörter und Wendungen

l'amica paurosa	die ängstliche Freundin	frenare	bremsen
		un camiọn	ein Lastwagen
va adagio [dʒ]!	fahr langsam!	è fermo	er steht
rallentare	langsamer fahren	fẹrmati!	halte!
la limitazione di velocità [tʃ]	die Geschwindigkeitsbeschränkung	le strisce [ʃ] pedonali	der Fußgängerübergang/die Zebrastreifen
pericoloso	gefährlich		
sorpassare	überholen	il pedone	der Fußgänger
sta attento!	paß auf!	vado alla stazione	ich fahre zum Bahnhof
un incrocio [tʃ]	eine Kreuzung		
la precedenza [tʃ]	die Vorfahrt	continuare	fortsetzen

Dialog 2: È andata ancora bene!

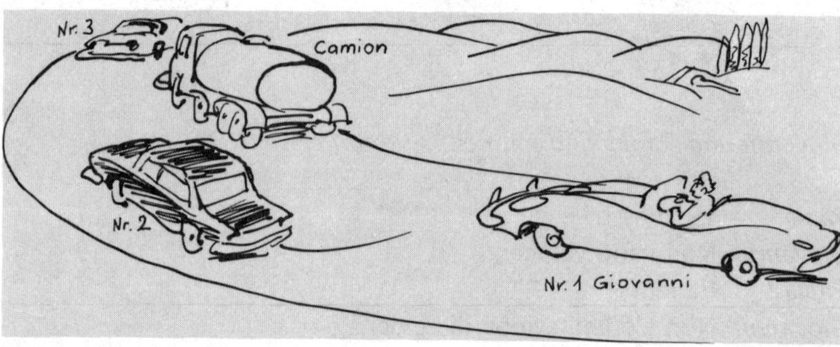

PRIMA
DELL'INCIDENTE

DOPO
L'INCIDENTE

Giovanni: (*im Wagen*) Ma è pazzo!! Sorpassa in curva!

Beim Wiedereinscheren streift das überholende Auto den Lastwagen. Der Wagen Nr. 3 verhindert einen Frontalzusammenstoß. Alle steigen erschrocken aus.

Giovanni: Oh! Dio mio! Un incidente!
Camionista: Si è fatto male?
Autista nr. 3: È ferito?
Autista nr. 2: Non mi sono fatto niente! Non sono ferito!
Camionista: Per fortuna! È andata ancora bene!
Autista nr. 3: Che spavento!
Giovanni: Mettiamo il triangolo. È pericoloso!
Camionista: Sì, mettetelo subito! Siamo in curva!
Giovanni: (*zum Fahrer Nr. 3*) Lo metta più lontano!
Autista nr. 2: Oh! Dio mio! La mia macchina è un rottame!
Autista nr. 3: Ma Lei è pazzo! Perchè sorpassa in curva!
Camionista: Lei è due volte pazzo! Guardi il mio camion!
Giovanni: Calma! State tranquilli! È andata ancora bene!

Der Fahrer Nr. 2 ist kreidebleich und zittert.

Autista nr. 3: Sta male?
Autista nr. 2: Ho freddo.
Giovanni: (*holt eine Decke*) Metta la coperta, la metta così!
Camionista: Fumi una sigaretta!
Autista nr. 2: Grazie.
Camionista: (*zu Giovanni*) Chiami la polizia stradale!
Giovanni: Vado subito a chiamarla.
Camionista: (*zum Fahrer Nr. 2*) Chiamiamo anche l'ambulanza?
Autista nr. 2: Non chiamate l'ambulanza! Non sono ferito. Chiamate il carro attrezzi!
Giovanni: Un'altra volta non sorpassi in curva!

Wörter und Wendungen

un incidente stradale	ein Autounfall
è andata ancora bene!	es ist glimpflich verlaufen!/es ist noch einmal gutgegangen!
ma è pazzo!	aber der ist ja verrückt!
in curva	in der Kurve
Dio mio!	mein Gott!
il camionista	der Lastwagenfahrer
l'autista (m)	der Autofahrer
il ferito	der Verletzte
è ferito?	sind Sie verletzt?
non mi sono fatto niente	ich habe mir nichts getan
per fortuna	zum Glück
che spavento!	das war ein Schreck!
il triangolo	das Warndreieck
più lontano	weiter weg
è un rottame	es ist ein Wrack/es ist Schrott
calma! state tranquilli!	Ruhe! bleibt ruhig!
la coperta	die Decke
la polizia stradale	die Verkehrspolizei
l'ambulanza	der Krankenwagen
il carro attrezzi	der Abschleppwagen

Übungen

1. È andata ancora bene! Es ist noch mal gutgegangen!
   Es ist glimpflich verlaufen!

   Per fortuna!

   Setzen Sie den Dialog 2 in die Du-Form!

2. Bilden Sie die Befehlsform nach folgendem Muster:

   Compri la casa? La compri?

   Compra la casa! **Comprala**!

   Bevi il caffè con lo zucchero? Lo bevi con lo zucchero?

   Non bevi il caffè caldo? Non lo bevi caldo?

   Mettiamo le sedie a sdraio in riva al mare? Le mettiamo in riva al mare?

   Telefona al direttore? Gli telefona?

   Scrive a Sua madre? Le scrive?

   Pagate i biglietti subito? Li pagate subito?

LEKTION 23

Da Montin

Was wird gelernt?

va — andate — vadano

vieni — venite — vengono

che giorno è oggi?

Carla:	Il ristorante è chiuso! „Martedì chiuso per riposo settimanale".	*Carla:*	Das Restaurant ist geschlossen! „Dienstag Ruhetag".
Giovanni:	Che peccato!	*Giovanni:*	Wie schade!
Sandro:	Portaci in un altro locale simpatico, tipico veneziano.	*Sendro:*	Führe uns in ein anderes nettes, typisch venezianisches Lokal.
Giovanni:	Aspettate! Lasciatemi pensare . . .	*Giovanni:*	Wartet! Laßt mich überlegen . . .
Signore:	Andate da Montin! È simpatico e si mangia bene.	*Herr:*	Gehen Sie zu Montin! Es ist nett, und man ißt gut.
Giovanni:	Sì, ha ragione!	*Giovanni:*	Ja, Sie haben recht!
Signore:	Martedì è aperto. È chiuso il giovedì.	*Herr:*	Dienstag ist es offen. Donnerstags ist es geschlossen.
Carla:	È lontano?	*Carla:*	Ist es weit?
Signore:	No. Andate sempre diritto e poi a sinistra.	*Herr:*	Nein. Gehen Sie immer geradeaus und dann nach links.
	Venite con me, vi accompagno.		Kommen Sie mit mir, ich begleite Sie.

So wird's verständlich:

Wir bringen jetzt die Befehlsform von **andare** und **venire**

va!	gehe!/fahre!	vieni!	komm!
vada!	gehen Sie!/fahren Sie!	venga!	kommen Sie!
andiamo!		veniamo!	
andate!		venite!	
vạdano!	gehen Sie!/fahren Sie!	vẹngano!	kommen Sie!

Also die Anredeform in der Einzahl ist: **vada**! **venga**!
in der Mehrzahl: **vadano**! **vengano**!

Warum hat dann der Herr auf der Straße zu Giovanni und seinen Freunden „**andate** da Montin!" gesagt, anstatt „**vadano** da Montin!"? Sicher nicht, weil er sie duzen wollte, sondern weil die Sprachentwicklung dahin geht, für die höfliche Anrede in der Mehrzahl immer häufiger die 2. statt der 3. Person Mehrzahl zu benützen.

andate *da Montin!*	geht zu Montin! gehen Sie zu Montin! (Mehrzahl)
venite *con me!*	kommt mit mir! kommen Sie mit mir! (Mehrzahl)
vi *accompagno*	ich begleite euch ich begleite Sie (Mehrzahl)

Sie können also beliebig *vengano* oder *venite* sagen. Nur *vengano* klingt förmlicher. In der Umgangssprache sagt man lieber *venite con me* kommen Sie mit mir!

Wir üben die Wochentage, und dann gehen wir essen! Andiamo a mangiare!

Che giorno è oggi?	Welcher Tag ist heute? Was für ein Tag ist heute?

lunedì	Montag
martedì	Dienstag
mercoledì	Mittwoch
giovedì	Donnerstag
venerdì	Freitag
sạbato	Samstag
domẹnica	Sonntag

il lunedì	der Montag montags
il giovedì	der Donnerstag donnerstags

Tutti i giorni della settimana sono maschili!
La domenica è femminile!
maschile (männlich) *femminile* (weiblich)
La domenica è femminile perchè è così simpatica!

Dialog 1: Martedì chiuso per riposo settimanale

Mailänder Freunde besuchen Giovanni in Venedig. Er führt sie zum Essen aus.

Carla: Il ristorante è chiuso! „Martedì chiuso per riposo settimanale".
Giovanni: Che peccato!
Sandro: Portaci in un altro locale simpatico, tipico veneziano.
Giovanni: Aspettate un momentino! Lasciatemi pensare . . .
Ein Herr hört im Vorbeigehen zu und möchte gleich einen Rat geben. Das ist typisch venezianisch!
Carla: Signore, scusi, c'è una trattoria tipica qui vicino?
Signore: Una trattoria tipica qui vicino? Ma sì. Andate da Montin! È un locale simpatico e si mangia bene.
Giovanni: Sì, ha ragione!
Signore: Il martedì à aperto. È chiuso il giovedì.
Carla: È lontano?
Signore: No. Andate sempre diritto e poi a sinistra. Venite con me, vi accompagno.
Carla: (*zu dem Herren*) Non ci porti in un ristorante di lusso, mi raccomando!

Signore: State tranquilli! È una tipica trattoria veneziana, è una trattoria familiare.

Giovanni: È simpaticissima! C'è la pergola e il giardino.

Carla: Benissimo. Mangiamo all'aperto. Mi piacciono tanto le notti veneziane così silenziose e tiepide . . .

Giovanni: Vuoi che ti porti in gondola dopo cena ?

Carla: Sì! Portami in gondola! Un giro in gondola con la luna piena . . . il gondoliere che canta sul Canal Grande . . . che bella Venezia . . .

Sandro: Come sei romantica, Carla!

Carla: Guarda Sandro la luna! Senti la notte tiepida! Non senti niente?

Sandro: Sento una fame da lupo!

Carla: Ma caro, non sei romantico . . . neanche a Venezia . . .?

Sandro: Carla mia, adesso ho fame, forse più tardi guardo la luna . . .

Signore: Ecco, siamo arrivati. Buon appetito, signori.

Sandro: Grazie, è stato molto gentile.

Wörter und Wendungen

chiuso	geschlossen
il ristorante	das Restaurant
la trattorịa	die Gaststätte
riposo settimanale	(wöchentlicher) Ruhetag
che peccato!	wie schade!
portare	führen/bringen/holen
pọrtaci	führe uns
un locale simpạtico	ein nettes Lokal, wörtl. ein sympathisches Lokal: simpatico wird nicht nur für Personen, sondern auch für Sachen gebraucht: è una trattoria simpatica, simpaticissima!
tịpico	typisch
un momentino	ein kleiner Augenblick/ein Moment
lasciạtemi pensare	laßt mich überlegen, nachdenken
si mangia [dʒ] bene	man ißt gut
avere ragione [dʒ]	recht haben
diritto	geradeaus
un ristorante di lusso	ein Luxusrestaurant
mi raccomando!	dies ist eine Redewendung, die eine Bitte, einen höflich ausgedrückten Befehl oder eine flehentliche Bitte beinhalten kann: ich bitte Sie/ich flehe Sie an/ich bitte Sie darum
trattorịa famigliare [ʎ]	gutbürgerliche Gaststätte
la pẹrgola	die (Wein)Laube
il giardino [dʒ]	der Garten
all'aperto	im Freien
silenzioso	still
tiẹpido	lau/lauwarm
la notte	die Nacht
portare qualcuno in gondola	mit jemandem Gondel fahren
la cena [tʃ]	das Abendessen
un giro [dʒ]	eine (Rund)Fahrt/Spazierfahrt/ein (Rund)Gang/Spaziergang
come sei romạntica!	wie romantisch du bist!
neanche	nicht einmal
buon appetito!	guten Appetit!

Dialog 2: Che cosa mi consiglia?

Giovanni: *(zum Kellner)* Ci porti il menu, per favore.

Cameriere: Lo porto subito.

Carla: Cameriere! Mi porti una bottiglia di acqua minerale, per favore.

Cameriere: La porto subito.

Signora Montin: Oh! Il signor Giovanni! Che piacere vederla da noi!

Giovanni: Cara signora Montin, come va?

Signora Montin: Eh, si tira avanti!

Giovanni: I signori sono i miei amici milanesi.

Signora Montin: Buona sera, signori. Avete già ordinato?

Carla: Che cosa ci consiglia?

Signora Montin: La nostra specialità è il pesce. Volete un piccolo antipasto di frutti di mare? O preferite i „peoci saltai"?

Sandro: Che cosa sono i „peoci saltai"?

Signora Montin: I „peoci saltai" sono cozze in padella con olio e aglio. Sono buone.

Sandro: Io le voglio provare.

Giovanni: Che cosa c'è di primo?

Signora Montin: Vi consiglio il risotto di pesce.

Carla: Signora Montin, non c'è „risi e bisi"?

Signora Montin: Lo facciamo, signora, certamente se lo vuole.

Carla: A Venezia voglio mangiare „risi e bisi".

Signora Montin: Benissimo. Vado in cucina a farlo preparare.

Cameriere: Che cosa desiderano i signori?

Giovanni: Due antipasti di frutti di mare.

Sandro: Per me „peoci saltai".

Cameriere: Hanno scelto il primo piatto?

Carla: Per me „risi e bisi".

Giovanni: Per noi risotto di pesce.

Cameriere: E per il secondo?
Carla: Che cosa ci consiglia?
Cameriere: Consiglio Loro una bella grigliata mista.
Sandro: Oppure?
Cameriere: Oppure le seppioline con la polenta.
Sandro: Benissimo, mi porti le seppie con la polenta.
Giovanni: *(zu Carla)* Mangiale anche tu, sono buonissime.
Carla: No, io preferisco la grigliata di pesce.
Giovanni: Ci porti un litro di vino bianco, mi raccomando buono!
Cameriere: Le porto un Tokai della casa.
Carla: *(zu Sandro)* Passami il pane, per favore.
Giovanni: Vi piace questa trattoria?
Sandro: È simpaticissima e molto accogliente.
Cameriere: Ecco gli antipasti, signori. Buon appetito.
Giovanni: Grazie. Salute amici!
Carla: Alla salute di Venezia!
Alle drei: Alla salute!

Wörter und Wendungen

consigliare [ʎ]	empfehlen/raten
la pasta e fagioli [dʒ]	(die) Bohnensuppe mit Nudeln
il menụ	die Speisekarte/das Menü
l'acqua minerale	das Mineralwasser
da noi	bei uns
si tira avanti!	es geht!
avete già ordinato?	haben Sie schon bestellt?
la nostra specialità [tʃ]	unsere Spezialität
l'antipasto	die Vorspeise
i frutti di mare	verschiedene Muschelsorten
„i peọci"/le cozze	„peoci" venez. Ausdruck für Miesmuscheln
saltare in padella con olio e aglio [ʎ]	in der Pfanne in heißem Öl und Knoblauch schnell anbraten
che cosa c'è di primo (piatto)?	was gibt es als ersten Gang?
il risotto di pesce	(das) Reis(gericht) mit Fisch
„risi e bisi"	typisch venez. Reis(gericht) mit Erbsen
scẹgliere [ʃeʎ-]/scelto	wählen/gewählt
il secondo (piatto)	der zweite Gang
la grigliata [ʎ]	Gegrilltes
misto	gemischt
oppure	oder/sonst
le seppioline con la polenta	kleine Tintenfische mit Maisgrieß
la seppia	der Tintenfisch
pạssami/passare	reiche mir/reichen
il pane	das Brot
molto accogliente [ʎ]	sehr gemütlich

Übungen

1. Lesen Sie bitte mehrmals den zweiten Dialog. Lesen Sie immer laut! Haben Sie gemerkt? Die Besitzerin, signora Montin, benutzt in der Anrede die 2. Person Mehrzahl, wenn sie sich an ihre Gäste wendet. Und der Kellner?

2. Übersetzen Sie:
   Das Mineralwasser ist lauwarm, bringen Sie mir bitte kaltes Wasser. Ich bringe es gleich. Möchten Sie auch Wein trinken? Nein, danke. Ich darf keinen Wein trinken. Bringen Sie mir die Speisekarte. Hier ist sie. Was empfehlen Sie mir als ersten Gang? Ich empfehle Ihnen den Reis mit Miesmuscheln; die Miesmuscheln werden natürlich ohne Schale (senza guscio), mit Petersilie und Knoblauch zusammen gekocht (werden gekocht vengono cucinate). Schmeckt es gut? Es schmeckt ausgezeichnet, probieren Sie es! Ja, ich probiere es, danke.

LEKTION 24

Ripetizione — Wiederholung

1. Übersetzen Sie:
   Ich mag das Meer so gerne! Ich ziehe das Gebirge vor. Sollen wir die Hochzeitsreise ans Meer oder ins Gebirge machen? Wie du willst, (mein) Liebster. Nein, meine Liebe, nicht so wie ich will, sondern (ma) wie du willst! Weißt du? Was? Ich möchte so gerne nach Süditalien fahren, ich kenne es zu wenig (troppo poco). Aber natürlich, wir fahren morgen hin (ci andiamo). Morgen? Wir sind noch nicht verheiratet! Das (es) macht nichts! Aber was sagst du, meine Eltern lassen mich nicht mit dir kommen vor der Hochzeit. Deine Eltern sind altmodisch (antiquati). Sie sind vielleicht altmodisch, aber sie sind nun mal so (sono fatti così). Gut, wann heiraten wir? Im Herbst, ich mag die Sommerhitze (il caldo del-

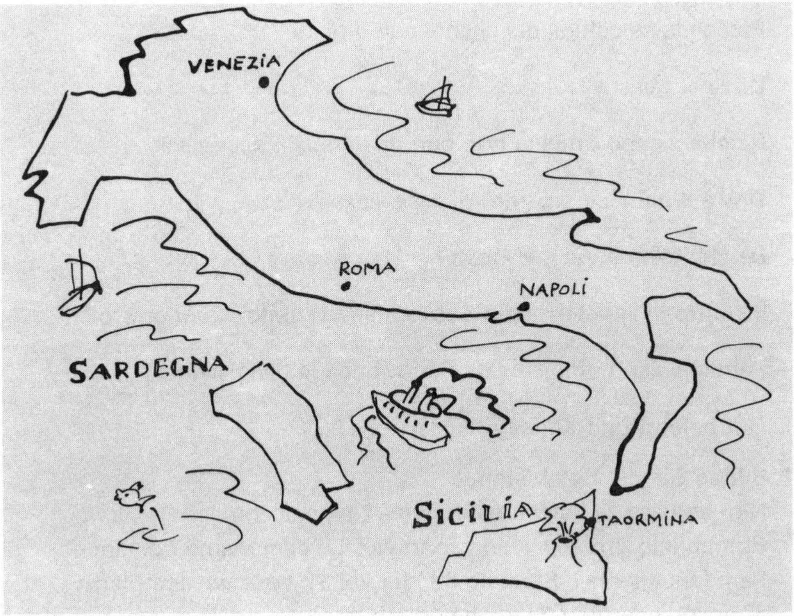

l'estate) nicht. Du magst die Hitze nicht, aber du magst das Meer? Ich mag die Hitze in Süditalien nicht, da (là) ist es im Sommer zu heiß. Du hast recht, die Sicht vom Vulkan Ätna ist im Oktober viel schöner! Wie? Verbringen wir die Flitterwochen auf einem Vulkan? Mein Liebster, das ist zu heiß!

2. Übersetzen Sie:

Firma Nord-Süd
Pirellistraße, 25
Mailand

Turin, den 8.4.79

Betr.: Unsere Bestellung Nr. 7154

Sehr geehrte Herren,
wir danken (ringraziare) Ihnen für Ihren Brief vom (des) 6.4. 79. Wir bitten Sie (Vi preghiamo), uns die Ware sofort nach der Verzollung (sdoganamento) zu liefern. Nächste Woche bestellen wir Ihnen die Ersatzteile für Transistoren (i transistor).

Mit freundlichen Grüßen
Feltrinelli & Söhne
Einkaufsabteilung

3. Antworten Sie bitte laut:
Perchè la macchina del cliente è in officina? . . . .

Dov'è il guasto? . . . .

Perchè il capo officina non può riparare la macchina? . . . .

Dov'è il più vicino centro di assistenza? . . . .

Perchè telefonano a Padova? . . . .

Il centro di assistenza di Padova manda subito il termostato? . . . . .

Perchè il capo officina va a Padova con la bella cliente? . . . .

(Probefahrt und Kaffeetrinken) . . . .

4. Bilden Sie die Befehlsform:
Non sorpassi la macchina in curva? Non la sorpassi in curva?
Compriamo una macchina sportiva? La compriamo domani.
Parli lentamente? Ripetete ad alta voce? (laut wiederholen)
Si accomoda qui? Si accomodano qui?
Vai a comprare le arance? Vai a comprarle?
Stai attento al traffico? Vai adagio perchè è pericoloso?
Va a chiamare la polizia stradale?
Andate a chiamare l'ambulanza?
Mette il trinagolo? Lo mette più lontano?

5. Hören Sie bitte genau die Aussprache der Wochentage auf der Cassette und sprechen Sie laut nach; vergessen Sie dabei die starke Betonung auf dem *ì* nicht: *lunedì, martedì* ecc. ecc.

6. Übersetzen Sie:
(Auf der Straße – in strada) Können Sie uns ein gutes Restaurant empfehlen? Lassen Sie mich einen Augenblick überlegen. Ja, Sie (Mehrzahl) können in die Gaststätte „Die rote Rose" gehen. Ist es ein typisches Lokal? Es ist sehr nett und gemütlich. Wenn Sie wollen, können Sie im Freien essen. Nein, heute ist es zu kühl (fresco), wir essen drinnen (dentro). Wie Sie wollen. Was ist deren (loro) Spezialität? Sie bereiten eine herrliche Bohnensuppe mit Nudeln zu (fanno), essen Sie sie. Gut, wir nehmen sie, und vielen Dank, Sie sind sehr freundlich gewesen. Auf Wiedersehen!

LEKTION 25

Una gita alle isole della laguna

Was wird gelernt?

questo — quello

che tempo fa?

diamoci del tu

Giovanni:	Può chiamare i signori Sforza, per favore?	*Giovanni:*	Würden Sie bitte Herrn und Frau Sforza rufen?
Portiere:	Sono andati dal tabaccaio a comprare le sigarette. Ritornano subito.	*Hotelportier:*	Sie sind zum Tabakhändler gegangen, um Zigaretten zu kaufen. Sie kommen gleich zurück.
Giovanni:	Grazie.	*Giovanni:*	Danke.
Carla:	Eccoci, siamo pronti per la gita.	*Carla:*	Hier sind wir. Wir sind zur Spazierfahrt bereit.
Giovanni:	Ecco, quello è il motoscafo di Ima e Umberto.	*Giovanni:*	Da, dort ist das Motorboot von Ima und Umberto.
Carla:	Quel motoscafo bianco?	*Carla:*	Das weiße Motorboot dort?
Giovanni:	Sì, quello.	*Giovanni:*	Ja, das dort.
Ima:	Buon giorno.	*Ima:*	Guten Tag.
Umberto:	Venga qui, faccia attenzione!	*Umberto:*	Kommen Sie hierher, passen Sie auf!
Giovanni:	Che peccato, non c'è il sole. Viene a piovere?	*Giovanni:*	Wie schade, die Sonne scheint nicht. Wird es regnen?

So wird's verständlich:

Quello *è il motoscafo di Ima e Umberto.*	
Quel *motoscafo bianco?*	
Sì, quello.	Ja, das dort (oder: jenes).
Questo *è il vostro motoscafo?*	Ist das hier (oder: dieses) euer Motorboot?
Sì, questo.	Ja, das hier (oder: dieses).

Der Unterschied zwischen *questo* und *quello* liegt in der Entfernung! Denn im Italienischen wird immer *quello* verwendet, wenn man auf Personen oder Sachen hinweist, die sich nicht in unmittelbarer Nähe befinden.
Quello verhält sich vor einem Hauptwort wie das bestimmte Geschlechtswort:

il motoscafo	**quel** motoscafo	Vedi quel motoscafo bianco?
i motoscafi	**quei** motoscafi	Vuoi comprare quei motoscafi?
l'amico	**quell'**amico	Vedi quell' amico in piazza?
gli amici	**quegli** amici	Conosci quegli amici tedeschi di Stefano?
lo zio	**quello** zio	Quello zio d'America è morto.
gli zii	**quegli** zii	Sono arrivati quegli zii che hanno comprato una macchina in America.
la barca	**quella** barca	Che bella quella barca!
le collane	**quelle** collane	Compriamo quelle collane.

Può chiamare **i signori** *Sforza?*
In Italien ist offenbar die Gleichberechtigung noch nicht ganz erreicht! Ein Paar, Mann und Frau, wird mit **i signori**, die Herren, angesprochen!

Che tempo fa?	**Wie ist das Wetter?**
viene a piovere?	wird es regnen?, kommt Regen?
piove	es regnet
nẹvica	es schneit
c'è il temporale	es gewittert, ein Gewitter geht nieder
c'è vento	es ist windig
grạndina	es hagelt
fa bello	es ist schön
fa brutto	es ist nicht schön, es ist schlechtes Wetter
domani fa bello	morgen wird es schön
il tempo si mette al brutto	das Wetter wird schlecht
la pioggia	der Regen
la neve	der Schnee
la nebbia	der Nebel
il ghiaccio	das Eis
Oh! Che bello, c'è l'arcobaleno!	da steht ein Regenbogen!

Ci conosciamo già da tanto tempo!
Wir kennen uns schon seit langem!
Diamoci del tu! Duzen wir uns!

Dialog 1: Una gita alle isole della laguna

Giovanni holt im Hotel seine Mailänder Freunde Carla und Sandro ab. Sie machen mit dem Motorboot von Ima und Umberto einen Ausflug zu den Laguneninseln.

Giovanni: Può chiamare i signori Sforza, per favore?
Portiere: Sono andati dal tabaccaio a comprare le sigarette. Ritornano subito.
Giovanni: Grazie.
Carla: (*sieht Giovanni vor dem Hoteleingang*) Eccoci! Siamo pronti per la gita.

Giovanni:	Ecco, quello è il motoscafo di Ima e Umberto.
Carla:	Quel motoscafo bianco?
Giovanni:	Sì, quello.
Ima:	(*an Bord*) Buon giorno!
Carla:	Buon giorno!
Umberto:	(*hilft beim Einsteigen*) Venga qui, signora. Faccia attenzione!
Ima:	Ecco, partiamo per le isole della laguna!
Giovanni:	Che peccato, non c'è il sole. Viene a piovere?
Umberto:	No, si mette al bello.
Ima:	Ma, non so. Quelle nuvole là non mi piacciono.
Umberto:	C'è vento di tramontana, porta il bello di solito.
Ima:	Prego, si accomodi qui.
Carla:	Grazie, signora.
Giovanni:	Ma vi date ancora del Lei? Datevi del tu, siamo amici!
Carla:	È vero, diamoci del tu, Ima.
Ima:	Va bene, Carla.
Sandro:	Umberto ci diamo del tu?

Umberto: Ma certamente, siete molto simpatici.
Ima: (*während der Fahrt*) Conoscete già le isole della laguna?
Carla: No, io non le ho mai viste.
Sandro: Io sono stato solo a Murano, tanti anni fa.
Umberto: Ecco questa è la carta della laguna. Ci sono più di cento isole nella laguna di Venezia.
Carla: Sono tutte abitate?
Umberto: No, moltissime sono disabitate.
Carla: Quella è abitata? Ci sono alberi e case.
Umberto: Purtroppo le case sono abbandonate.
Sandro: Bene, compriamola noi!

Wörter und Wendungen

il tabaccaio/dal tabaccaio	der Tabakhändler/zum, beim Tabakhändler
la tabaccherịa	das Tabakgeschäft: in Italien kauft man Zigaretten, Streichhölzer (fiammịferi/cerini) sowie Briefmarken nur beim Tabakhändler. Zigarettenautomaten sind selten.
ritornare	zurückkehren
siamo pronti per	wir sind fertig/bereit zu
il motoscafo	das Motorboot
faccia attenzione!	passen Sie auf!
non c'è il sole	die Sonne scheint nicht
viene a piovere?	wird es regnen?
si mette al bello	es wird schön
la nụvola	die Wolke
il vento di tramontana	der Nordwind
porta il bello di sọlito	er bringt gewöhnlich schönes Wetter
darsi del Lei/darsi del tu	sich siezen/sich duzen
l'isola della laguna	die Laguneninsel
tanti anni fa	vor vielen Jahren
la carta della laguna	die Lagunenkarte
più di cento	mehr als hundert
abitato/disabitato [z]	bewohnt/unbewohnt
l'ạlbero	der Baum
purtroppo	leider
abbandonato	verlassen

Dialog 2: Quello è il campanile di Torcello

Umberto: Quest'isola a destra è San Michele.
Carla: Quanti cipressi!
Ima: Per forza! È il cimitero di Venezia. Ci sono personalità famose, qui.
Umberto: Volete visitarlo?
Sandro: No, grazie. Preferisco guardarlo da lontano!
Ima: Quell'isola a sinistra è Murano. L'isola del vetro.
Carla: Si può visitare una fornace? Mi piacciono tanto i vetri soffiati.
Ima: È veramente interessante osservare l'arte del maestro del vetro.
Umberto: La visitiamo al ritorno.
Sandro: Quanti operai lavorano a Murano?
Umberto: Più di cinquemila.
Sandro: E guadagnano bene?
Umberto: Dipende dal lavoro. I maestri sono pagati molto, ma è un lavoro durissimo.
Ima: Che peccato! Il cielo è tutto nuvoloso.
Carla: Non importa, è bello lo stesso. Visitiamo l'isola dei merletti?

Umberto: Sì, andiamo a Burano, la bellissima isola dei pescatori e delle ricamatrici.

Carla: Voglio vederla e vorrei comprare una bella tovaglia.

Umberto: Volete comprare un'isola, il vetro di Murano, la tovaglia di Burano, si vede che siete milanesi ... con tanti soldi in tasca!

Carla: Venezia ha bisogno di soldi e io ho bisogno di una tovaglia ricamata a mano!

Sandro: E io ho bisogno di un'isola tranquilla nella laguna. ... lontana dalle fabbriche e dal traffico!

Umberto: Quel campanile in fondo è la cattedrale di Torcello.

Ima: Bene, Sandro, se ti piace il silenzio ti innamori di Torcello ...

Sandro: Perchè mi innamoro di Torcello?

Ima: Perchè è un'isola meravigliosa, tranquilla: due chiese, un'ottima trattoria, un piccolo museo, e basta!

Sandro: Quella è la mia isola! Umberto, sorpassa quella barca, va più veloce! Corri! Voglio arrivare subito a Torcello!

Umberto: No, Sandro. A Milano si corre, nella laguna di Venezia si va adagio ... per sentire il profumo del mare, per sentire il silenzio ...

Carla: Come siete diversi voi veneziani, sapete ancora vivere!

Ima: Ah sì, è vero.

Wörter und Wendungen

il campanile	der Glockenturm	osservare	beobachten
il cipresso [tʃ]	die Zypresse	l'arte (w)	die Kunst
il cimitero [tʃ]	der Friedhof	il maestro	der Meister
le personalità famose	die berühmten Persönlichkeiten	lavorare	arbeiten
		al ritorno	auf der Rückfahrt
visitare [z]	besichtigen	guadagnare [ɲ]	verdienen
da lontano	aus der Ferne	l'operaio [Mehrz. gli operai]	der Arbeiter
il vetro	das Glas		
una fornace [tʃ]	eine Glasbläserei	dipende dal lavoro	es hängt von der Arbeit ab
i vetri soffiati	die geblasenen Gläser		
		il lavoro	die Arbeit

durịssimo	sehr hart
il cielo è tutto nuvoloso	der Himmel ist ganz bewölkt
lo stesso	trotzdem
il merletto	die Spitze
prima di	vor (örtl.)
i pescatori	die Fischer
le ricamatrici [tʃ]	die Stickerinnen
la tovaglia [ʎ] ricamata a mano	die handgestickte Tischdecke
milanese	Mailänder
con tanti soldi in tasca	mit viel Geld in der Tasche
la fạbbrica	die Fabrik
il silenzio	die Stille/Ruhe
in fondo	dort hinten
innamorarsi di	sich verlieben in
la cattedrale	die Kathedrale
il museo [z]	das Museum
andare adagio [dʒ]	langsam/gemächlich gehen
il profumo	der Duft
diverso	anders/verschieden
sapete ancora vịvere	ihr versteht noch zu leben

Übungen

1. Verwandeln Sie „questo" in „quello":
   Quest'isola mi piace molto. Questo arcobaleno su Venezia è bellissimo. Questo temporale è stato bruttissimo. Questi zii vengono dall'America. E che cosa portano? Portano questi famosi dọllari che nessuno vuole! Questi motoscafi sono tuoi? Sì, vuoi comprarli? No, preferisco questa barca. Guarda queste, sono bellissime.

2. Übersetzen Sie:
   Wie ist das Wetter heute? Die Sonne scheint, aber diese Wolke da gefällt mir nicht. Warum? Das Wetter wird schlecht. Aber nein, das Wetter bleibt (rimane) schön. Ein Gewitter kommt. Du bist so pessimistisch (pessimista)! Es ist windig und kühl. Aber die Sonne scheint, bald (fra poco) sind wir zu Hause angekommen. Siehst du diese Insel dort? Ja, ich sehe sie. Wir fahren dorthin. In 10 Minuten sind wir angekommen (arrivati). Und wenn es regnet? Dann nehmen wir den Regenschirm (l'ombrello)!

LEKTION 26

La micia ha fatto i gattini

Was wird gelernt?

Zwei unbetonte persönliche Fürwörter beim Zeitwort — ne

Anna: Vieni, Luca! La micia ha fatto i gattini!	*Anna:* Komm her, Luca! Die Mieze hat Kätzchen bekommen!
Luca: Quanti ne ha fatti?	*Luca:* Wieviele hat sie bekommen?
Anna: Ne ha fatti tre. Sono bellissimi!	*Anna:* Drei hat sie bekommen. Sie sind wunderschön!
Luca: Me li fai vedere?	*Luca:* Zeigst du sie mir?
Anna: Te li faccio vedere subito, ma non prenderli, la micia non vuole!	*Anna:* Ich zeige sie dir gleich, aber nimm sie nicht in die Hand, die Miezekatze will es nicht!
Luca: Come sono carini! Me ne dai uno in mano?	*Luca:* Wie niedlich sie sind! Gibst du mir eins in die Hand?
Anna: Non glieli prendo, mi graffia.	*Anna:* Ich nehme sie ihr nicht weg, sie kratzt mich.
Luca: Ahi! Mi ha graffiato!	*Luca:* Au! Sie hat mich gekratzt!
Anna: Te l'ho detto di non prenderglieli!	*Anna:* Ich habe dir gesagt, du sollst sie ihr nicht wegnehmen!

So wird's verständlich:

So, jetzt nehmen Sie einen tüchtigen Anlauf, dann schaffen wir leicht die letzte Hürde der persönlichen Fürwörter!
Fertig, los! Pronti, via!

La micia ha fatto i gattini

me li *fai vedere?*	zeigst du **sie mir**?
te li *faccio vedere subito*	ich zeige **sie dir** gleich
non **glieli** *prendo*	ich nehme **sie ihr** nicht weg
*non prender***glieli**!	nimm **sie ihr** nicht weg!
*voglio prender***glieli**	ich will **sie ihr** wegnehmen

Zwei unbetonte persönliche Fürwörter bei einem Zeitwort:

mi fai vedere il gattino?		
me lo fai vedere?	**me lo**	ihn mir
te lo faccio vedere domani	**te lo**	ihn dir
glielo faccio vedere venerdì	**glielo**	ihn ihm/ihr
ce lo fa vedere subito	**ce lo**	ihn uns
ve lo faccio vedere domenica	**ve lo**	ihn euch
lo faccio vedere **loro** oggi	**lo loro**	ihn ihnen

Die Formen des 3. Falles (Dativ) *mi, ti, ci, vi* verwandeln das *i* in *e*; *gli* und *le* werden zu *glie* und verschmelzen mit dem folgenden Fürwort im 4. Fall zu einem Wort. **ATTENZIONE!** Im Italienischen steht der 3. Fall vor dem 4. Und wie ist es im Deutschen?

ho comprato i sandali		
me li fai vedere?	**me li**	sie mir
te li faccio vedere dopo	**te li**	sie dir
non glieli faccio vedere oggi	**glieli**	sie ihm/sie ihr
li faccio vedere **loro** domani	**li loro**	sie ihnen

ho comprato le scarpe		
me le fai provare?	**me le**	sie mir
te le faccio provare dopo	**te le**	sie dir
non ve le faccio provare	**ve le**	sie euch

ho comprato la casa		
me la vendi?	**me la**	es mir
non te la vendo	**te la**	es dir
ce la vendi?	**ce la**	es uns
la vendo **loro**	**la loro**	es ihnen

Wissen Sie noch, welche Stellung die persönlichen Fürwörter im Satz haben (s. Lektion 10)? Benissimo! Dann brauchen Sie nichts Neues dazuzulernen, denn:

me le fai *provare?*	auch hier werden sie vor das Zeitwort gestellt
non **ce le ha fatte** *provare*	und sie werden auch vor die vollendete Gegenwart gestellt, wie gehabt!
aber nicht:	
puoi **farmele** *provare?*	bei der Nennform eines Zeitwortes, da werden sie angehängt
non **farmele** *provare!* **fatecele** *provare!*	genauso bei der Befehlsform
me le faccia *provare*	mit Ausnahme der höflichen Anredeform, aber das alles ist für Sie nicht neu!

ne heißt im Wörterbuch **davon**. Das ist richtig, aber zuwenig! Denn die Verwendung von *ne* ist im Italienischen anders als im Deutschen:

la micia ha fatto i gattini
quanti **ne** *ha fatt***i** *?*
ne *ha fatt***i** *tre*

ne bezeichnet also eine Teilmenge, wie im Deutschen, aber es verhält sich wie das persönliche Fürwort des 4. Falles (s. Lektion 11):

me ne *regali due?*	schenkst du mir zwei davon?
te ne *ho regalat***i due** *ieri*	ich habe dir gestern zwei davon geschenkt
te ne *ho regalat***o uno** *ieri*	ich habe dir gestern eins davon geschenkt

Dialog: La micia ha fatto i gattini

Im Haus Fiorentini ist große Aufregung: die Miezekatze hat Junge bekommen! Anna und Luca, die Kinder, freuen sich riesig.

Anna: Vieni, Luca! La micia ha fatto i gattini!
Luca: Quanti ne ha fatti?
Anna: Ne ha fatti tre. Sono bellissimi!
Luca: Me li fai vedere?
Anna: Te li faccio vedere subito, ma non prenderli! La micia non vuole!
Luca: Come sono carini! Me ne dai uno in mano?
Anna: Non glieli prendo, mi graffia!
Luca: Ahi! Mi ha graffiato la micia!
Anna: Te l'ho detto di non prenderglieli!
Luca: Com'è cattiva la micia!
Anna: (*streichelt sie*) No, non è cattiva, è buona. Ma li difende.
Luca: Perchè li difende?
Anna: Ha paura che glieli portiamo via!
Luca: Che cosa ne facciamo dei gattini? Non possiamo tenerli.
Anna: È vero, papà non vuole tenerli.
Luca: Va bene, ci pensiamo più avanti. Adesso deve allattarli la micia.

Anna: Guarda! Ne prende uno in bocca . . . che cosa fa?
Luca: Lo lecca, lo pulisce!
Anna: . . . lo bacia . . .
Luca: Lo allatta, guarda . . .
Anna: Ne ha abbastanza latte per i tre gattini?
Luca: Va a prendere il latte in frigorifero. Diamogliene un pochino!
Anna: Hai ragione, povera micia, anche lei deve mangiare!
Luca: (*zu der Katze*) Micia, bella micia, bevine un po', ti fa bene!
Anna: Vedi? Ha bevuto tutto il latte, adesso è contenta!
Luca: Come li chiamiamo?
Anna: Non so.
Luca: Sono maschi o femmine i gattini?
Anna: Non so.
Luca: Guardiamo!
Anna: Sta attento alla micia!
Luca: (*mit einem Kätzchen in der Hand*) Io non vedo niente . . .
Anna: Mi sembra un maschio . . .
Luca: Ma non si vede niente!
Anna: Allora è una femmina! Chiamiamola Colombina, ti piace?
Luca: Sì, mi piace. E quello lo chiamiamo Arlecchino, è così vivace!
Anna: E il terzo lo chiamiamo Brighella, d'accordo?
Luca: Brighella non mi piace, chiamiamolo Pantalone.
Anna: Che divertente! Li abbiamo chiamati come le maschere della Commedia dell'arte . . . Arlecchino e Colombina!
Luca: È giusto! Guarda com'è buffo quel gattino, è proprio un Arlecchino!

Wörter und Wendungen

la micia/il micio [tʃ]	die Mieze(katze)/ der Kater
il gatto, i gattini	die Katze, die Kätzchen
carino	niedlich
dare/dai	geben/du gibst
prẹndere	(weg)nehmen
in mano	in der Hand/in die Hand
graffiare	kratzen
com'è cattiva/ buona la micia!	wie böse/gut die Mieze ist!
difẹndere	verteidigen
portare vịa	wegnehmen
tenere	halten/(ein Tier) halten, behalten
ci pensiamo più avanti	wir denken später darüber nach
allattare	stillen (Kind)/ säugen (Tier)
in bocca	im Mund/in den Mund/im Maul/ ins Maul
leccare	abschlecken/ (ab)lecken
pulire/lo pulisce [ʃ]	putzen/sie putzt es
baciare [ʃ]	küssen

il latte	die Milch
va a prendere	hole
diamo	wir geben
bẹvine	trinke davon
in frigorịfero	im Kühlschrank
adesso è contenta	jetzt ist sie zufrieden
come li chiamiamo?	wie nennen wir sie?
maschio [k] (Mehrz. maschi)	männlich/ Männchen
fẹmmina	weiblich/ Weibchen
sta attento a	gib acht auf
mi sembra	mir scheint es/mir kommt es so vor
vivace [tʃ]	lebhaft
il terzo	der/das dritte
che divertente!	wie lustig!
le mạschere [k] della Commedia dell'arte	die Gestalten (Masken) der Commedia dell'arte
guarda com'è buffo quel gattino!	schau, wie lustig dieses Kätzchen ist!
è proprio un Arlecchino [k]!	es ist wirklich ein Harlekin!

Haben Sie schon ein Theaterstück mit Harlekin und seiner geliebten Colombina gesehen? In Venedig sind beide zu Hause, denn der berühmte Dichter Carlo Goldoni ist Venezianer, und er hat sie schon im 18. Jahrhundert durch die ganze Welt geführt. Der Harlekin ist lustig und listig, Colombina ist schlau und kokett. Alle Personen, die Goldoni auf der Bühne spielen läßt, spiegeln auf kritische und humorvolle Weise die damalige „gute Gesellschaft" wider. Carlo Goldoni hat die „Commedia dell'arte" weltberühmt gemacht.

Übungen

Verwenden Sie die persönlichen Fürwörter nach folgendem Muster:

Domanti **ti** compro **la collana**. – Domani te la compro.
Ieri **mi** ha venduto **i pesci**. – Ieri me li ha venduti.
Non scrivere **la lettera a Maria**. – Non scrivergliela.

Quando scrivi **la lettera a tua madre**? ....

Quando porta **il latte alla signora**? ....

Vorrei **comprarti una casa** al mare. ....

Non **comprarmi una casa** al mare, **comprami una casa** in montagna.

Vi porto **la macchina** in officina? ....

Vi ho portato **la macchina** dal capo officina. ....

Quando **ci** ripara **la macchina**? ....

Vi ripara **la macchina** subito. ....

Ci ha riparato **la macchina** molto bene. ....

LEKTION 27

In banca

Was wird gelernt?

dare — è più/meno conveniente — mi conviene di più

Ingrid:	Al pomeriggio sono aperte le banche?	*Ingrid:*	Sind die Banken am Nachmittag offen?
Ima:	No, le banche chiudono alle 13 e 30. Hai bisogno di soldi? Te li do io, poi me li ridai a Monaco.	*Ima:*	Nein, die Banken schließen um 13 Uhr 30. Brauchst du Geld? Ich gebe es dir, du gibst es mir dann in München zurück.

So wird's verständlich:

dare geben	**dato** gegeben
io do	noi diamo
tu dai	voi date
lui/lei dà	loro danno
io ho dato	

Eine häufig gebrauchte Befehlsform ist:
mi dia, per favore geben Sie mir, bitte

da'	dammi mille lire, per favore	gib mir bitte 1000 Lire
dịa	mi dia un po' di moneta	geben Sie mir etwas Kleingeld
diamo	diamogli il giornale	geben wir ihm die Zeitung
date	datele un'elemọsina [z]	gebt ihr ein Almosen
dịano	mi diano ragione	geben Sie mir recht

è più conveniente	es ist vorteilhafter
è meno conveniente	es ist weniger vorteilhaft
mi conviene di più *cambiare i marchi tedeschi in Germania o in Italia?*	ist es für mich vorteilhafter, DM in Deutschland oder in Italien zu wechseln?
Le conviene di più *in Italia*	es ist für Sie in Italien vorteilhafter

Dialog 1: Hai bisogno di soldi?

Ima und Umberto haben für ein Wochenende ihre Freundin Ingrid aus München eingeladen.

Ingrid: Al pomeriggio sono aperte le banche?
Ima: No, le banche chiudono alle 13 e 30.
Ingrid: Anche al venerdì?
Ima: Tutti i giorni della settimana hanno lo stesso orario: dalle 8 e 30 alle 13 e 30.

Ingrid: Adesso è mezzogiorno, allora sono aperte.
Ima: Hai bisogno di soldi? Te li do io, poi me li ridai a Monaco.
Ingrid: Vuoi fare l'esportazione clandestina di capitali?
Ima: No, per piccole somme non vale la pena!
Ingrid: È più conveniente cambiare i marchi in Germania o in Italia?
Ima: Forse ti conviene di più cambiarli in Italia perchè il marco è una valuta forte, pregiata. La lira purtroppo è debole!
Ingrid: Fa lo stesso. Devo cambiare pochi soldi. Per un fine settimana non ho bisogno di milioni!
Ima: Non hai bisogno neanche di un centesimo, sei nostra ospite, lo sai vero?
Ingrid: Sì, grazie, lo so. Ma vorrei fare degli acquisti. Ho visto una borsa di coccodrillo stupenda. Voglio comprarmela!
Ima: Guarda la mia, ti piace? Me l'ha regalata Umberto per il mio compleanno.
Ingrid: È bellissima. L'ha pagata molto?
Ima: Non me l'ha detto. È un regalo.

Ingrid: Bene, corro in banca e poi vado a comprarmi tante cosette carine!

Ima: Se vai alla Cassa di Risparmio puoi prelevare dal nostro conto corrente!

Ingrid: (*lächelnd*) Che buona idea! Dammi il numero del conto.

Ima: Forse è meglio di no! Tu ci lasci al verde!

Wörter und Wendungen

i soldi	das Geld (wird im Ital. in der Mehrzahl gebraucht)
il pomeriggio [dʒ]	der Nachmittag
tutti i giorni [dʒ]	alle Tage
l'orario	die Öffungszeiten/der Fahrplan
lo stesso	derselbe
il mezzogiorno	der Mittag
hai bisogno di soldi?	brauchst du Geld?
dare/ridare	geben/zurückgeben
l'esportazione clandestina di capitali	die heimliche Kapitalausfuhr: die Italiener dürfen pro Jahr nur eine bestimmte Geldsumme ins Ausland ausführen. Aber ob sich alle daran halten?
la somma	die Summe
non vale la pena	es lohnt sich nicht
il marco tedesco	die DM
una valuta forte/pregiata [dʒ]	eine starke/hochwertige Währung
la lira è dẹbole	die Lira ist schwach
fa lo stesso	es ist gleich
cambiare	(Geld) wechseln, umtauschen
un fine settimana	ein Wochenende
non hai bisogno neanche di un centẹsimo [tʃentɛz-]	du brauchst nicht einmal einen Pfennig
fare degli acquisti	Einkäufe machen
una borsa di coccodrillo	ein Krokohandtasche
regalare	schenken
il compleanno	der Geburtstag
un regalo	ein Geschenk
tante cosette carine	viele hübsche kleine Sachen
la Cassa di Risparmio	die Sparkasse
prelevare dal conto corrente	vom (laufenden) Konto abheben
il nụmero del conto	die Kontonummer
è meglio [ʎ]	es ist besser
forse è meglio di no!	vielleicht lieber nicht!
essere al verde	pleite sein, gehen
tu ci lasci al verde	etwa: sonst gehen wir pleite

Dialog 2: Vada a quello sportello

Ingrid fragt in der Bank nach dem Devisenschalter.

Ingrid: Per favore, dov'è lo sportello del cambio?
Impiegato: Vada a quello sportello. Lo sportello numero 5.
Ingrid: Vorrei cambiare marchi in lire.
Impiegato: Benissimo. Mi dia un documento.
Ingrid: Va bene il passaporto?
Impiegato: Sì, me lo dia. Quanti marchi vuole cambiare?
Ingrid: Aspetti un momento. Devo fare i conti.
Impiegato: Faccia pure con comodo!
Ingrid: Dunque: la borsa di coccodrillo . . . le scarpe . . . la camicetta di seta . . . il regalo per la zia . . . la pipa per Hans.
Impiegato: Mamma mia! Devo andare alla Banca d'Italia a fare rifornimento di milioni!
Ingrid: La colpa non è mia se spendo tanti soldi!

Impiegato: E di chi è?
Ingrid: È vostra! È rincarato tutto in Italia!
Impiegato: Eh! Purtroppo c'è l'inflazione! Ma Le conviene sempre fare acquisti in Italia, vero?
Ingrid: Sì, è vero. È più a buon mercato che in Germania. E poi i modelli delle borse, delle scarpe sono elegantissimi!
Impiegato: Bene, allora quanti milioni vuole?
Ingrid: Mi dia . . . tutta la cassaforte!!
Impiegato: (*hebt die Hände hoch*) Che cos'è una rapina?
Ingrid: No, per carità. Le do un assegno, lo accetta?
Impiegato: Ha la carta di credito?
Ingrid: Sì, eccola. Mi raccomando, mi faccia un buon cambio! Devo risparmiare! . . .
Impiegato: Ma si vive una volta sola nella vita! Godiamocela!
Ingrid: Sì, godiamocela! Ha ragione! La vita è bella!
Impiegato: Lei è bella, signorina!
Ingrid: E Lei è molto simpatico! Arrivederci!
Impiegato: (*schmunzelnd*) Quando ha finito i soldi ritorni, qui ce ne sono ancora per Lei! Per Lei qui c'è tutto!

Wörter und Wendungen

l'impiegato	der Angestellte
lo sportello	der Schalter
il cambio	der Geldwechsel
cambiare	umtauschen/wechseln
il documento	der Ausweis/das Ausweispapier
il passaporto	der (Reise)Paß
devo fare i conti	ich muß rechnen
faccia pure con comodo!	machen Sie das in Ruhe!
dunque	also
la scarpa	der Schuh
la camicetta [tʃ] di seta	die seidene Bluse
la zia	die Tante
la pipa	die Pfeife
la Banca d'Italia	die italienische Notenbank
fare rifornimento	tanken
spendere	ausgeben
la colpa non è mia se spendo tanti soldi	es ist nicht meine Schuld, wenn ich so viel Geld ausgebe
di chi è?	wer ist daran schuld?
rincarare	teurer werden
l'inflazione (w)	die Inflation
è più a buon mercato che	es ist billiger als
i modelli sono elegantissimi	die Modelle sind sehr elegant

la cassaforte	der Panzerschrank	mi faccia [tʃ]	machen Sie mir
una rapina	ein Banküberfall	risparmiare	sparen
no, per carità!	nein, um Gottes willen!	si vive una volta sola nella vita!	man lebt nur einmal (im Leben)!
un assegno [ɲ]	ein Scheck	godiạmocela!	genießen wir es!
accettare [tʃ] un assegno	einen Scheck annehmen	ritorni	kommen Sie zurück
la carta di crẹdito	die Scheckkarte	la vita è bella!	das Leben ist schön!
fare un buon cambio	einen guten Kurs machen		

Übungen

Ja was sollen wir jetzt noch üben? **La vita è bella! Godiamocela!**

Also heute brauchen Sie nicht zu üben!
LA VITA È BELLA! GODIAMOCELA!
P.S. Aber vielleicht werfen Sie noch einen Blick auf die Lektion 26; die persönlichen Fürwörter sind doch nicht so leicht, wie man glaubt! Und hören Sie mehrmals das Gespräch zwischen Ingrid und Ima und zwischen Ingrid und dem Bankangestellten! Auf der Cassette natürlich! Oder fahren Sie nach Venedig, dann hören Sie es live! Da vivo!

LEKTION 28

All'Arena di Verona

Was wird gelernt?

avrò, avrai, avrà — sarò, sarai, sarà usw.
a me, a te, a lui — di me, di te, di lui usw.

Umberto:	Questa sera vedrai uno spettacolo grandioso!	*Umberto:*	Heute abend wirst du eine großartige Aufführung sehen!
Ingrid:	Dove andiamo?	*Ingrid:*	Wohin gehen wir?
Ima:	Se non piove andiamo all'opera a Verona.	*Ima:*	Wenn es nicht regnet, gehen wir in Verona in die Oper.

Umberto:	Vedrai che spettacolo imponente l'Aida all'Arena!	*Umberto:*	Du wirst sehen, wie beeindruckend eine Aida-Aufführung in der Arena ist!
Ima:	L'Aida è l'opera più adatta per l'Arena.	*Ima:*	Aida ist am besten für die Arena geeignet.
Ingrid:	Forse Verdi l'avrà composta proprio per l'Arena!	*Ingrid:*	Vielleicht hat sie Verdi eigens für die Arena komponiert!
Umberto:	O forse i romani l'avranno costruita proprio per l'Aida!	*Umberto:*	Oder vielleicht haben die Römer sie eigens für die Aida gebaut!
Ingrid:	Eh, no! I gladiatori romani non hanno cantato romanze d'amore negli anfiteatri! Hanno ucciso le belve feroci ...	*Ingrid:*	Nein, nein! Die römischen Gladiatoren haben keine Liebesarien in den Amphitheatern gesungen! Sie haben wilde Tiere getötet ...
Ima:	Proprio come all'opera ... c'è la morte ... c'è l'amore ... Anche nell'Aida alla fine sono quasi tutti morti!	*Ima:*	Genau wie in der Oper ... da gibt es Tod ... da gibt es Liebe ... Auch in der Aida sind zum Schluß fast alle tot!

So wird's verständlich:

Was? Die Liebe? Der Tod?
Lediglich die Zukunftsformen der italienischen Zeitwörter ...
Wir sind optimistisch, wir hoffen auf eine bessere Zukunft!
Siamo ottimisti, speriamo in un futuro migliore!
Und doch benutzen wir in der italienischen Sprache die Zukunftsformen mit Maßen, weil sie unter Umständen Ungewißheit ausdrücken, z. B.
Questa sera **vedrai** *uno spettacolo grandioso all'Arena di Verona.*
Heute abend wirst du eine großartige Aufführung in der Arena von Verona sehen.

Falls es regnet, findet jedoch die Aufführung nicht statt, daher ist hier die Zukunftsform richtig verwendet!
Quanti spettatori ci **saranno**?
Wieviele Zuschauer werden wohl hier sein?
Ce ne **saranno** *25000 questa sera.*
Es werden heute abend wohl 25000 sein.
Auch wenn man etwas schätzt, wird die Zukunftsform verwendet.
Lunedì **partirò** *per Monaco con il rapido delle 9.*
Montag werde ich mit dem 9-Uhr-FD-Zug nach München fahren.
Aber wenn die Eisenbahner streiken? Dann fährst du nicht mit dem 9-Uhr-Zug nach München, vielleicht später!
Sie sehen, die Zukunft ist fast immer ungewiß, und doch sollten Sie die Formen lernen!

avere	**essere**
io avr**ò**	io sar**ò**
tu avr**ai**	tu sar**ai**
lui avr**à**	lui sar**à**
noi avr**emo**	noi sar**emo**
voi avr**ete**	voi sar**ete**
loro avr**anno**	loro sar**anno**

cant**are**	ved**ere**	part**ire**
canter**ò**	vedr**ò**	partir**ò**
canter**ai**	vedr**ai**	partir**ai**
canter**à**	vedr**à**	partir**à**
canter**emo**	vedr**emo**	partir**emo**
canter**ete**	vedr**ete**	partir**ete**
canter**anno**	vedr**anno**	partir**anno**

Dialog 1: Vedrai uno spettacolo grandioso!

Umberto: Questa sera vedrai uno spettacolo grandioso!
Ingrid: Ah sì? Dove andiamo?
Ima: Se non piove andiamo all'opera a Verona.
Umberto: Vedrai che spettacolo imponente l'Aida all'Arena!
Ima: L'Aida è l'opera più adatta per l'Arena.

Ingrid: Forse Verdi l'avrà composta proprio per l'Arena!
Umberto: O forse i romani l'avranno costruita proprio per l'Aida!
Ingrid: Eh, no! I gladiatori romani non hanno cantato romanze d'amore negli anfiteatri! Hanno ucciso le belve feroci ...
Ima: Proprio come all'opera ... c'è la morte ... c'è l'amore ... Anche nell'Aida alla fine sono quasi tutti morti!
Ingrid: Io preferisco i duetti d'amore!
Ima: A proposito di amore ... sai chi viene con noi?
Ingrid: Chi?
Ima: (*lächelnd*) Giovanni!
Ingrid: Viene anche Giovanni a Verona?
Ima: Sì, viene anche lui!
Ingrid: Bene, mi fa piacere!
Ima: Lui mi ha detto che viene a Verona non per l'Aida ...
Ingrid: Per che cosa allora?
Ima: Viene per te!
Ingrid: Per me?
Ima: Sì, si è innamorato di te!
Ingrid: Si è innamorato di me?! Ma io non sono innamorata di lui!
Ima: L'ha capito. Ma vedrai che ti farà una dichiarazione d'amore!
Ingrid: A me? Eh, no! Io non voglio cantare un giorno la romanza dell'Aida „Oh, patria mia, non ti rivedrò mai più!"

Ingrid singt leise einige Takte der Romanze ...

Ingrid: Lunedì ritorno a Monaco ... „i verdi prati, le profumate rive" mi aspettano ...
Umberto: Oh, povero Giovanni! Che cosa farà senza di te?

Bemerkung: Wir bringen jetzt eine Übersicht über die persönlichen Fürwörter in Verbindung mit einem Verhältniswort:

di me	è innamorato	di me
di te		di te
di lui	è innamorata di lui	
di lei	è innamorato di lei	
di noi		di noi
di voi	è innamorato	di voi
di loro		di loro
a te		a me
a me		a te
a lui		a lui
a lei	scrive una lettera	a lei
a noi		a noi
a voi		a voi
a loro		a loro

Wörter und Wendungen

l'arena	die Arena
lo spettạcolo	die Theateraufführung/das Schauspiel
grandioso	großartig
questa sera	heute abend
andare all'ọpera	in die Oper gehen
imponente	beeindruckend/eindrucksvoll
adatto	passend/geeignet
è l'opera più adatta	wörtl.: ist die geeignetste Oper
comporre/composto	komponieren/komponiert
i romani	die Römer
proprio per	eigens/gerade für
i gladiatori romani	die römischen Gladiatoren
la romanza [dz]	die Romanze
l'anfiteatro	das Amphitheater
uccịdere/ucciso [utʃizo]	töten/getötet
la belva	das Raubtier/die Bestie
feroce	wild
proprio come	genau wie
la morte	der Tod
alla fine	zum Schluß
quasi tutti	fast alle
il duetto	das Duett
a propọsito di	übrigens/à propos
innamorarsi di	sich verlieben in
una dichiarazione d'amore	eine Liebeserklärung
cantare	singen
un giorno ...	eines Tages ...
patria mia	mein Vaterland
rivedere	wiedersehen
i verdi prati	die grünen Wiesen
le profumate rive	die duftenden Ufer
pọvero	arm

Dialog 2: Bis! Bis!

Pubblico: Bravi! Bravissimi! Bis! Bis!

Soprano: Grazie! Grazie! Come siete cari! Grazie!

Der Tenor macht zwei Schritte nach vorn. Das Publikum tobt.

Pubblico: Bravo! Sei insuperabile! Sei unico al mondo! Bis! Bis!

Ingrid: (*zu Giovanni*) Che spettacolo! Questo pubblico è incredibile! Bis!! Bis!!

Giovanni klatscht nicht, weil er seinen Arm um Ingrids Schulter gelegt hat.

Ingrid: Ma non applaudisci?

Giovanni: Bravi! Bravissimi! Bis!

Ingrid: (*zu Umberto*) Quanti spettatori ci saranno?

Umberto: Ce ne saranno venticinquemila questa sera.

Ingrid: Venticinquemila spettatori?!

Giovanni: (*zu Ingrid*) Sì, ma per me tu sei l'unica nell'Arena!

Ingrid: L'unica al mondo, vorrai dire!

Pubblico: (*zum Tenor*) Vogliamo la romanza ... vogliamo la romanza ... vogliamo „la celeste Aida"!! Bis! Bis!

Der Tenor macht eine Handbewegung. Die 25000 Leute verstummen. Er singt. Giovanni singt leise in Ingrids Ohr.

Giovanni: Oh, celeste Ingrid ... del mio pensiero tu sei regina ...
... tu di mia vita sei lo splendor ...

Wörter und Wendungen

il pụbblico	das Publikum
il soprano	der Sopran
il tenore	der Tenor
lo spettatore	der Zuschauer
insuperạbile	unübertrefflich
ụnico al mondo	einzig in der Welt
incredịbile	unglaublich
applaudire/ l'applạuso [z]	klatschen/der Applaus
vorrai dire	willst du wohl sagen
celeste [tʃ]	himmlisch/ hier: hold
del mio pensiero tu sei regina	du bist die Königin meiner Gedanken
tu di mia vita sei lo splendor	du bist der Glanz meines Lebens

Übungen

1. Bilden Sie die Zukunft, auch singend, wenn Sie wollen!
   Lui ha il biglietto per l'Arena. – **Lui avrà** il biglietto per l'Arena.

   Cantiamo insieme la romanza dell'Aida.

   ....

   Ti vediamo domani alle cinque?

   ....

   Forse parto per Milano.

   ....

   Se non c'è sciopero sei qui alle cinque?

   ....

   Sono senz'altro da voi.

   ....

   Se piove non vedono la fine dell'opera.

   ....

2. Antworten Sie:
   Di chi è innamorato Giovanni? (in sie)

   ....

   Ingrid è innamorata di Giovanni? (nicht in ihn)

   ....

   Perchè Ingrid non vuole innamorarsi di Giovanni?

   ....

   Quando parte per Monaco Ingrid?

   ....

   Perchè Ingrid va a Monaco?

   ....

LEKTION 29

Sul campanile di S. Marco con il cannocchiale

Was wird gelernt?

Quand'ero piccola, venivo quassù a contare i gabbiani!

Ingrid:	Ima, come si chiama quell'isola laggiù!	*Ingrid:*	Ima, wie heißt diese Insel dort unten?
Ima:	Quella è l'isola di S. Giorgio. La chiesa è stata costruita da Andrea Palladio tra il 1559 e il 1580. Anche il chiostro è del Palladio.	*Ima:*	Das ist die Insel S. Giorgio. Die Kirche wurde zwischen 1559 und 1580 von Andrea Palladio gebaut. Auch der Kreuzgang ist von Palladio.
Ingrid:	Si vede tutta la città! Si vede la laguna, si vedono le isole, i canali . . . il ponte della Libertà . . . e la terra ferma. C'è un panorama stupendo dal campanile di S. Marco!	*Ingrid:*	Man sieht die ganze Stadt! Man sieht die Lagune, man sieht die Inseln, die Kanäle . . . die Brücke der Freiheit . . . und das Festland. Man hat eine herrliche Aussicht vom Glockenturm von S. Marco!
Ima:	Sai che cosa facevo da piccola?	*Ima:*	Weißt du, was ich machte, als ich klein war?
Ingrid:	Che cosa facevi?	*Ingrid:*	Was machtest du
Ima:	Quand'ero piccola, venivo quassù a contare i gabbiani!	*Ima:*	Als ich klein war, kam ich hier herauf, um die Möwen zu zählen!
Ingrid:	Contavi i gabbiani? . . . e come facevi?	*Ingrid:*	Du zähltest die Möwen? . . . und wie machtest du das?
Ima:	Avevo un cannocchiale e li guardavo volare! E li contavo!	*Ima:*	Ich hatte ein Fernglas und schaute ihnen beim Fliegen zu! Und ich zählte sie dabei!

So wird's verständlich:

*Quand'***ero** *piccola,* **venivo** *quassù a contare i gabbiani.*
Come **facevi**?
Avevo *un cannocchiale e li* **guardavo** *volare e li* **contavo**!

ero – venivo – facevi – avevo – guardavo ...
Das sind Formen der einfachen Vergangenheit (des Imperfekts). Darüber sprechen wir jetzt.

Das Imperfekt – **imperfetto** – wird für Beschreibungen oder auch für länger dauernde, sich wiederholende Handlungen in der Vergangenheit benutzt.

quando **ero** *piccola* ... als ich klein **war** ...

Die vollendete Gegenwart – **passato prossimo** –, die Sie bis jetzt verwendet haben, bezeichnet eigentlich eine Handlung in der Vergangenheit, die sich bis in die Gegenwart auswirkt oder in der jüngsten Vergangenheit stattfand,

z. B. *Ieri* **sono andata** *sul campanile di S. Marco e* **ho contato** *221 gabbiani!*
Gestern **bin** ich auf den Glockenturm von S. Marco **gestiegen** und **habe** 221 Möwen **gezählt**!

In der italienischen Sprache kann die Vergangenheit fein nuanciert ausgedrückt werden, weil es drei Vergangenheitsformen gibt:

1. **passato prossimo**	– vollendete Gegenwart		
		sono andata	**ho contato**
2. **imperfetto**	– einfache Vergangenheit		
		andavo	**contavo**
3. **passato remoto**	– historisches Perfekt		
		andai	**contai**

In diesem Buch sprechen wir über das *passato remoto* nicht. Es hat nämlich eine komplizierte Konjugation (Beugung). Aber jeder Italiener versteht Sie, auch wenn Sie kein *passato remoto* können. Aber bitte, sagen Sie einem Florentiner nicht, daß Sie das *passato remoto* nicht gelernt haben, er ist nämlich sehr stolz darauf! Mit Recht, denn die italienische Sprache kommt ja aus der Toskana: Dante Alighieri, der erste Dichter Italiens, der nicht nur Lateinisch schrieb, sondern auch *nella lingua volgare = lingua italiana,* war

Florentiner! Also, wenn Sie Italienisch nicht nur als Touristensprache betrachten, müssen Sie später das *passato remoto* lernen. Für den Anfang genügt es völlig, daß Sie das *passato prossimo* und das *imperfetto* richtig verwenden. Die Norditaliener benutzen auch kaum das historische Perfekt. Ich gebe Ihnen daher einen guten Rat: Bleiben Sie in Norditalien, solange Sie kein *passato remoto* gelernt haben. Sonst fallen Sie auf!

Formen des Imperfekts von:

essere	**avere**
io ero ich war	io avevo ich hatte
tu eri	tu avevi
lui/lei era	lui/lei aveva
noi eravamo	noi avevamo
voi eravato	voi avevate
loro ẹrano	loro avẹvano

und von:

contare	**vedere**	**partire**
io cont**avo**	io ved**evo**	io part**ivo**
tu cont**avi**	tu ved**evi**	tu part**ivi**
lui/lei cont**ava**	lui/lei ved**eva**	lui/lei part**iva**
noi cont**avamo**	noi ved**evamo**	noi part**ivamo**
voi cont**avate**	voi ved**evate**	voi part**ivate**
loro cont**ạvano**	loro ved**ẹvano**	loro part**ịvano**

Dialog 1: Quand'ero piccola, venivo quassù a contare i gabbiani!

Ingrid: Ima, come si chiama quell'isola laggiù?

Ima: Quella è l'isola di S. Giorgio. La chiesa è stata costruita da Andrea Palladio tra il 1559 e il 1580. Anche il chiostro è del Palladio, è bellissimo!

Ingrid: Si vede tutta la città da qui! Si vede la laguna, si vedono le isole, i canali, il ponte della Libertà . . . e la terra ferma. C'è un panorama stupendo dal campanile di S. Marco!

Ima: Sai che cosa facevo da piccola?

Ingrid: Che cosa facevi?

Ima: Quand'ero piccola, venivo quassù a contare i gabbiani!

Ingrid: Contavi i gabbiani? ... e come facevi?

Ima: Avevo un cannocchiale e li guardavo volare e li contavo ... e immaginavo di essere su una nave in mezzo al mare ...

Ingrid: E quanti gabbiani hai contato nella tua giovinezza?

Ima: Ne ho contati sicuramente più di settantotto milioni!

Ingrid: Ma allora ci venivi spesso qui!

Ima: Sì, tutte le domeniche. Avevo una zia molto spiritosa. Dopo la messa nella basilica di S. Marco mi portava quassù. Apriva la sua grande borsa e prendeva il cannocchiale da marina. Suo marito era capitano di marina. Sai che cosa mi diceva ogni domenica?

Ingrid: Che cosa ti diceva?

Ima: „Questo è il cannocchiale di Galileo Galilei! Qui l'ha presentato nel 1609 alla Signoria della Serenissima. Ricordati bambina, che solo la Repubblica di Venezia gli ha offerto la possibilità di presentare la sua scoperta!" Così mi diceva la cara zia Olga, tutte le domeniche!

Ingrid: Ma Galileo Galilei l'ha presentato davvero qui il suo cannocchiale?

Ima: Sì, certo, questo è un capitolo della storia di Venezia, dell'affascinante storia della Repubblica della Serenissima ...

Ingrid: Oh, guarda un gabbiano ... viene dal mare!

Ima: Viene dal mare come l'acqua che vedi laggiù.

Ingrid: Sì, ma il gabbiano vola veloce, l'acqua invece è ferma.

Ima: No, cara mia! L'acqua non è ferma, si muove, eccome! Chiedilo ai gondolieri, loro lo sanno.

Ingrid: Ma dove va l'acqua?

Ima: L'acqua viene dal mare e ritorna al mare. Anche quella nave che passa adesso davanti al palazzo ducale viene dal mare e entra nel canale della Giudecca per andare al porto. Ma fra qualche ora la nave ritorna al mare! Proprio come l'alta e la bassa marea!

Ingrid: Interessante! E dimmi, l'acqua alta allora che cos'è?

Ima: Il fenomeno dell'acqua alta non è altro che un'alta marea eccessiva! Quando c'è il vento scirocco, quello che viene dall'Africa, c'è spesso l'acqua alta.

Ingrid: Perchè?

Ima: Perchè l'acqua nella laguna non può ritornare facilmente nel mare Adriatico.

Ingrid: Interessante questa cosa. Non la sapevo!

Ima: Che ore sono?

Ingrid: È mezzogiorno.

Ima: Benissimo! Sentirai fra poco un concerto incredibile di campane! Sono cinque ... e suonano tutte!

Wörter und Wendungen

quand'ero piccola . . .	als ich klein war . . .
quassù, laggiù [dʒ]	hier oben, dort unten
contare	zählen/aufzählen
il gabbiano	die Möwe
la chiesa [z]	die Kirche
fra/tra il 1559 e il 1580	zwischen 1559 und 1580
fra/tra poco/tra dieci minuti	bald/in 10 Minuten
il chiostro [k]	der Kreuzgang
la laguna	die Lagune
il ponte della Libertà	die Freiheitsbrücke verbindet Venedig mit dem Festland
la terra ferma	das Festland
il panorama	das Panorama/der Rundblick, der Ausblick
il/dal campanile	der/vom Glockenturm
da pịccola	als ich klein war
un cannocchiale (da marina)	ein Fernglas (Marineglas)
volare	fliegen
immaginare [dʒ]	sich vorstellen
di essere su una nave in mezzo [dz] al mare	auf einem Schiff mitten im Meer zu sein
la giovinezza [dʒ]	die Jugend
sicuramente	sicherlich
più di	mehr als
spesso	oft
spiritoso	geistreich/lustig
dopo la messa	nach der Messe
la basịlica [z]	die Basilika
aprire	öffnen
il capitano di marina	der Schiffskapitän
la Signorịa della Serenịssima	die Regierungsmitglieder der Republik Venedig
ricordarsi	sich erinnern
offrire/offerto	bieten, anbieten/(an)geboten
la possibilità	die Möglichkeit
presentare [z] la sua scoperta	seine Entdeckung vorstellen
davvero	wirklich
un capịtolo della storia di Venezia	ein Kapitel der Geschichte Venedigs
affascinante [ʃ]	faszinierend
veloce [tʃ]	schnell
essere fermo	stehen
invece [tʃ]	hingegen/jedoch
no, cara mia!	nein, meine Liebe!
eccome!	und wie!
la nave	das Schiff
il palazzo ducale	der Dogenpalast
fra qualche ora	in einigen Stunden
il porto	der Hafen
l'alta e la bassa marea	(die) Flut und (die) Ebbe
dimmi	sag mir
il fenọmeno dell'acqua alta	das Phänomen des Hochwassers
non è altro che	es ist nichts anderes als
eccessivo [tʃ]	übertrieben/übermäßig
il vento scirocco [ʃ]	der Schirokko
l'Ạfrica (w)	Afrika
il mare Adriạtico	die Adria
fạcilmente	leicht
la campana	die Glocke
oggi suonano tutte	heute läuten sie alle

Dialog 2: Il leone di S. Marco

Ingrid: Dio mio! Che concerto meraviglioso di campane! E questa piazza S. Marco, che bella!

Ima: L'ha detto perfino Napoleone!

Ingrid: Ah, sì? Che cos'ha detto il grande imperatore?

Ima: Figurati, proprio lui che ha distrutto la Repubblica di Venezia nel 1797 ha detto ... „La place S. Marc c'est le plus beau salon du monde!" Così ha detto il caro Napoleone a Venezia, nel 1797. E lì, in quello splendido palazzo che vedi a sinistra ...

Ingrid: Il palazzo ducale ...

Ima: Sì, nel palazzo ducale, sede della Repubblica della Serenissima, il 12 maggio 1797 il centoventesimo doge – Ludovico Manin – ha dato le dimissioni. Mille anni di storia gloriosa sono finiti, grazie anche a Napoleone!

Ingrid: Cos'hai, sei arrabbiata?

Ima: Non sono arrabbiata, sono triste quando penso a Napoleone e al 1797! La Serenissima non doveva finire! Il leone di S. Marco non doveva chiudere il libro!

Ingrid: Che cosa vuoi dire?

Ima: Sì, guarda il leone di S. Marco sulla torre dell'orologio, qui davanti!

Ingrid: Lo vedo!

Ima: Vedi che ha un libro aperto fra le zampe?

Ingrid: Sì, lo vedo!

Ima: Bene. Quel libro è il vangelo e c'è scritto: „Pax tibi, Marce, evangelista meus!" E vuol dire: a te la pace, Marco, mio evangelista! Ma quando il libro del leone di S. Marco è chiuso vuol dire che c'è la guerra, non la pace.

Ingrid: Il leone di S. Marco era il simbolo della Repubblica, vero?

Ima: Sì, era il suo simbolo. E il leone di S. Marco ha chiuso per sempre il suo vangelo nel 1797. La Repubblica di Venezia finì il 12 maggio del 1797!

Wörter und Wendungen

perfino	sogar
l'imperatore (m)	der Kaiser
figụrati!	stell dir das mal vor!
proprio lui!	gerade er!
distrụggere [dʒ]/ distrutto	zerstören/zerstört
„la place S. Marc c'est le plus beau salon du monde!"	„der Markusplatz ist der schönste Salon der Welt!
splẹndido	prächtig
sede della Repụb-blica della Serenịssima	Sitz der Regierung der Republik Venedig
il doge [dʒ]	der Doge
centoventẹsimo [z]	120.
dare le dimissioni	abtreten
mille anni di storia gloriosa	1000 Jahre glorreicher Geschichte
grazie a	dank/durch

sei arrabbiata?	bis du verärgert?
sono triste	ich bin traurig
il leone di S. Marco	der Markuslöwe
chiụdere il libro	das Buch schließen
sulla torre dell'orologio [dʒ]	auf dem Uhrenturm
qui davanti	hier vorn
fra le zampe	zwischen den Pranken
il vangelo [dʒ]	das Evangelium
„Pax tibi, Marce, evangelista meus!"	Friede sei mit dir, mein Evangelist Markus!
l'evangelista [dʒ]	der Evangelist
la guerra	der Krieg
la pace [tʃ]	der Frieden
il sịmbolo	das Symbol
per sempre	für immer
finì	historisches Perfekt von finire: endete

Übungen

Das Gespräch zwischen Ingrid und Ima war nicht kurz und vielleicht nicht so leicht. Bitte, hören Sie es mehrmals auf der Cassette und üben Sie Wörter und Wendungen.

Grazie!

LEKTION 30

La Regata storica a Venezia

Was wird gelernt? ... Heute wird gefeiert! Nicht umsonst ist die historische Regatta das schönste Fest Venedigs! ... und außerdem schließen wir auch das Buch, so wie der Markuslöwe das Buch der glorreichen Geschichte der Republik Venedig im Jahr 1797 schloß!

Umberto: Cara Ingrid, oggi vedrai uno spettacolo grandioso!
Ingrid: Che cosa c'è?
Ima: Come, non lo sai?
Ingrid: No, non lo so.
Ima: Che giorno è oggi?
Ingrid: Oggi è domenica.
Umberto: E in quale mese siamo?
Ingrid: Siamo in settembre.
Ima: Bene, alla prima domenica di settembre c'è la Regata storica sul Canal Grande!
Ingrid: Ma come sono fortunata! Posso vedere la Regata storica! A che ora comincia?
Umberto: Comincia al pomeriggio verso le tre.
Ingrid: Sento una musica lontana ...
Ima: Ascoltala bene!
Umberto: La riconosci?
Ingrid: Ma è Vivaldi ... è la musica di Antonio Vivaldi ... è la Primavera delle Quattro stagioni!
Umberto: Brava! Bravissima!
Ingrid: E da dove viene la musica?
Ima: Viene dal Canal Grande. Tutto il Canal Grande è pieno di musica oggi! Tutta Venezia è in festa oggi!
Umberto: Tutti i veneziani sono in barca o alle finestre per applaudire la Regata.

Ingrid:	Andiamo, presto! Andiamo a vedere la Regata storica! Avanti! Avanti!
Ima:	Sì, andiamo, gli amici ci aspettano.
Ingrid:	Che peccato!
Ima:	Che cosa c'è?
Ingrid:	Mi dispiace partire da Venezia. Mi piace tanto stare qui!
Umberto:	Ma ritornerai l'anno prossimo!
Ingrid:	Ritornerò, ma quando?
Umberto:	Ritornerai il terzo sabato di luglio.
Ingrid:	Perchè proprio il terzo sabato di luglio?
Umberto:	Perchè c'è la festa del Redentore. La festa più popolare di Venezia.
Ima:	Vedrai a mezzanotte uno spettacolo grandioso: i fuochi d'artificio più belli del mondo illuminano il cielo e il bacino di S. Marco rivive con cinquecento gondole e duemila barche i momenti più belli della storia di Venezia.
Ingrid:	Ma è sempre festa a Venezia?
Umberto:	Sì, a Venezia è festa tutto l'anno!
Ima:	Sai, Ingrid, chi ci aspetta sul Canal Grande?

Ingrid: Chi?

Umberto: Il tuo Radames!

Ingrid: Il mio Radames?

Ima: Ti ricordi la dichiarazione d'amore ... all'Aida di Verona?

Ingrid: Ah! Tu parli di Giovanni! Il mio Radames!

Alle drei gehen davon und singen laut die Romanze des Radames: „O wäre ich erkoren". Auf dem Canal Grande warten alle auf die Regatta.

Speaker: Ecco il bucintoro, la nave del Doge apre il corteo ...
... Ecco le gondole dorate con i rappresentanti in costume dell'epoca della Repubblica della Serenissima ...
... Ecco i gondolieri, si preparano per la regata ...

Ingrid: Che festa meravigliosa è la Regata storica ...
Com'è bella Venezia. Ritornerò presto!

Wörter und Wendungen

la Regata stọrica	die historische Regatta
il settembre	der September
ma come sono fortunata!	was für ein Glück ich habe!
a che ora comincia? [tʃ]	um wieviel Uhr fängt sie an?
comincia al pomeriggio [dʒ] verso le tre	sie fängt am Nachmittag gegen 3 Uhr an
la finestra	das Fenster
riconọscere	wiedererkennen
pieno di	voll von
tutta Venezia è in festa	ganz Venedig feiert
ritornerai l'anno prọssimo	du wirst nächstes Jahr wiederkommen
il terzo sạbato di luglio [ʎ]	der dritte/am dritten Samstag im Juli
la festa del Redentore	das Erlöserfest
più popolare	volkstümlichste
i fuochi d'artificio [tʃ]	das Feuerwerk
illuminare	beleuchten/erhellen
il cielo [tʃ]	der Himmel
rivịvere	wieder erleben
il momento	der Augenblick
la festa	das Fest
il bacino [tʃ] di S. Marco	das (Hafen-)Becken von S. Marco
il bucintoro [tʃ]	das Repräsentationsschiff der Republik Venedig. Das vergoldete Schiff wurde vom Dogen bei besonders festlichen Ereignissen benützt
la nave	das Schiff
dorato	vergoldet
il corteo	der Festzug
il rappresentante [z]	der Vertreter
in costume dell'ẹpoca	in historischem Kostüm
prepararsi per	sich fertigmachen für

Die venezianischen Feste waren in der Vergangenheit weltberühmt. Die Stadt mit ihren Kanälen und herrlichen Palästen bot sich geradezu als Kulisse an, die nicht ihresgleichen hat. Noch heute feiern die Venezianer einige der berühmten Feste genauso begeistert wie früher:
Am 3. Samstag im Juli „la festa del Redentore", das Erlöserfest. Zum Dank für die Erlösung von der Pest ließen die Venezianer 1576 auf der Insel Giudecca von Andrea Palladio die Erlöserkirche bauen. Mit Wein, Gesang und Musik wird die ganze Nacht hindurch gefeiert.
Am 1. Sonntag im September findet das spektakulärste Fest statt: „la Regata storica", die historische Regatta. Noch einmal entfaltet Venedig an diesem Tage den Glanz und Prunk vergangener Zeiten. Im Arsenale, der früheren Werft Venedigs, werden für den Festzug die alten reichverzierten und vergoldeten Boote aufbewahrt und restauriert. Vom Jubel der begeisterten Venezianer begleitet, findet die berühmte Wettfahrt der Gondolieri statt.
Das Himmelfahrtsfest sollte die Macht der Republik über das Meer darstellen. Der Doge warf aus seinem Schiff „Bucintoro" einen Ring in das Meer. Daher heißt das Fest auch „lo sposalizio del mare", die Vermählung mit dem Meer. Nachdem wir heute keinen Dogen mehr haben, wirft vom gleichen Schiff aus der Oberbürgermeister einen symbolischen Ring ins Meer.
Am 13. Dezember wird S. Lucia, das Fest der heiligen Lucia, gefeiert, deren Gebeine in Venedig aufbewahrt werden. An diesem Tag erhalten die Kinder kleine Geschenke.
Zum Schluß sei noch ein modernes Fest genannt, das erst seit einigen Jahren gefeiert wird und sich zunehmender Beliebtheit erfreut: „la voga longa". Die Venezianer finden wieder Gefallen am Rudern. Am letzten Sonntag im Mai dürfen Motorboote nicht verkehren. Tausende von Ruderbooten und Gondeln ziehen still durch die Kanäle und in die Lagune hinaus. Es findet kein Wettkampf statt. Dieses Fest ist eigentlich nur „eine Liebeserklärung" des modernen Venezianers an seine geliebte Stadt.

Alphabetische Liste der Zeitwörter

Hier sind die Zeitwörter aus den Lektionen 1–30 zusammengestellt. Einige davon haben Sie schon gründlich geübt, andere sind Ihnen nur kurz in einem Dialog begegnet.
Die Zeitformen der regelmäßigen Zeitwörter wurden in folgenden Lektionen ausführlich dargestellt:

Gegenwart	Lektion 8
vollendete Gegenwart	Lektion 9
einfache Vergangenheit	Lektion 29
Zukunft	Lektion 28
Befehlsform	Lektion 22

Die rückbezüglichen Zeitwörter wurden in Lektion 17, die Zeitwörter auf -ire mit Stammerweiterung in Lektion 19 behandelt. Nach den Mustern in diesen Lektionen können Sie also jedes regelmäßige Zeitwort dieser Liste beugen. Vergessen Sie dabei nicht, daß die Endungen jeweils an den Stamm des Wortes angehängt werden.
Ob ein Zeitwort die vollendete Gegenwart mit *avere* oder *essere* bildet, ist in Klammern angegeben.
Weichen einzelne Formen von dem üblichen Schema ab, so werden Sie jeweils angegeben oder es wird auf ein anderes Zeitwort verwiesen, das als Muster dient.
Bei den Zeitwörtern auf -ire wird vermerkt, ob sie in der Gegenwart eine Stammerweiterung erfahren oder nicht. Die unregelmäßigen Zeitwörter und die beiden Hilfszeitwörter *avere* und *essere* werden in allen in diesem Lehrbuch behandelten Zeitformen dargestellt, und zwar in der Gegenwart (abgekürzt G), in der einfachen Vergangenheit (V) und in der Zukunft (Z). Außerdem werden die Befehlsform (B) und das Mittelwort der Vergangenheit (M) angegeben.

abbassare (avere)	leiser stellen (Radio)	
abitare (avere)	wohnen	
accettare (avere)	annehmen	
accomodarsi (essere)	sich hinsetzen	
accompagnare (avere)	begleiten	
accontentare (avere)	zufriedenstellen	
addormentarsi (essere)	einschlafen	
allattare (avere)	säugen (Tier), stillen (Kind)	
alzarsi (essere)	aufstehen	
ammettere (avere)	zugeben	M: ammesso

andare (essere)	gehen, fahren	G: vado, vai, va, andiamo, andate, vanno; V: andavo *usw.* Z: andrò *usw.* B: va, vada, andiamo, andate, vạdano; M: andato
applaudire (avere)	klatschen, Beifall spenden	mit oder ohne Stammerweiterung
aprire (avere)	öffnen	ohne Stammerweiterung M: aperto
arrivare (essere)	ankommen, erreichen	
ascoltare (avere)	zuhören	
aspettare (avere)	warten	
assicurare (avere)	versichern	
avere (avere)	haben	G: ho, hai, ha, abbiamo, avete, hanno; V: avevo *usw.* Z: avrò *usw.* B: abbi, abbia, abbiamo, abbiate, ạbbiano; M: avuto
baciare (avere)	küssen	G: bacio, baci, bacia, baciamo, baciate, bạciano; V: baciavo *usw.* Z: bacerò *usw.* B: bacia, baci, baciamo, baciate, bạcino; M: baciato
ballare (avere)	tanzen	
bere (avere)	trinken	G: bevo, bevi, beve, beviamo, bevete, bẹvono; V: bevevo *usw.* Z: berrò *usw.* B: bevi, beva, beviamo, bevete, bẹvano; M: bevuto
bruciare (essere)	anbrennen, verbrennen	wie baciare
cadere (essere)	(hin)fallen	Z: cadrò *usw.*
cambiare (avere)	wechseln, tauschen	G: cambio, cambi, cambia, cambiamo, cambiate, cạmbiano; V: cambiavo *usw.*

		Z: cambierò *usw.* B: cambia, cambi, cambiamo, cambiate, cạmbino; M: cambiato
camminare (avere)	laufen	
campare (essere)	leben	
cantare (avere)	singen	
capire (avere)	verstehen	mit Stammerweiterung
chiamare (avere)	(an)rufen	
chiamarsi (essere)	heißen	
chiụdere (avere)	schließen	M: chiuso
cominciare (avere)	anfangen, beginnen	wie baciare
comporre (avere)	komponieren, zusammensetzen	G: compongo, componi, compone, componiamo, componete, compọngono; V: componevo *usw.* Z: comporrò *usw.* B: componi, componga, componiamo, componete, compọngano; M: composto
comprare (avere)	kaufen	
condannare (avere)	verurteilen	
conọscere (avere)	kennen	wie riconoscere
consegnare (avere)	abliefern, schicken	
consigliare (avere)	raten, empfehlen	G: consiglio, consigli, consiglia, consigliamo, consigliate, consịgliano; V: consigliavo *usw.* Z: consiglierò *usw.* B: consiglia, consigli, consigliamo, consigliate, consịglino; M: consigliato
contare (avere)	zählen, rechnen	
continuare (avere)	fortsetzen	
cọrrere (avere/essere)	laufen, eilen	M: corso
costare (avere)	kosten	
costruire (avere)	bauen	mit Stammerweiterung
cucinare (avere)	kochen	
dare (avere)	geben	G: do, dai, dà, diamo, date, danno; V: davo *usw.* Z: darò *usw.* B: da', dịa, diamo, date, dịano; M: dato
decịdere (avere)	entscheiden	M: deciso
desiderare (avere)	wünschen	

difẹndere (avere)	verteidigen	M: difeso
dimenticare (avere)	vergessen	G: dimẹntico, dimẹntichi, dimẹntica, dimentichiamo, dimenticate, dimẹnticano;
		V: dimenticavo *usw.*
		Z: dimenticherò *usw.*
		B: dimẹntica, dimẹntichi, dimentichiamo, dimenticate, dimẹntichino;
		M: dimenticato
dipịngere (avere)	malen	G: dipingo, dipingi, dipinge, dipingiamo, dipingete, dipịngono;
		V: dipingevo *usw.*
		Z: dipingerò *usw.*
		B: dipingi, dipinga, dipingiamo, dipingete, dipịngano;
		M: dipinto
dire (avere)	sagen	G: dico, dici, dice, diciamo, dite, dịcono;
		V: dicevo *usw.*
		Z: .dirò *usw.*
		B: di', dica, diciamo, dite, dịcano;
		M: detto
dirịgere (avere)	dirigieren	wie dipingere
		M: diretto
disegnare (avere)	zeichnen	
dispiacere (essere)	mißfallen, leid tun	wie piacere
distrụggere (avere)	zerstören	wie leggere
		M: distrutto
disturbare (avere)	stören	
diventare (essere)	werden	
divertirsi (essere)	sich amüsieren	ohne Stammerweiterung
dormire (avere)	schlafen	ohne Stammerweiterung
dovere (ob avere oder essere hängt von dem in der Nennform folgenden Zeitwort ab)	sollen, müssen	G: devo, devi, deve, dobbiamo, dovete, dẹvono;
		V: dovevo *usw.*
		Z: dovrò *usw.*
		B: devi, debba, dobbiamo, dovete, dẹbbano;
		M: dovuto
entrare (essere)	eintreten	
essere (essere)	sein	G: sono, sei, è, siamo, siete, sono;
		V: ero, eri, era, eravamo, eravate, ẹrano;
		Z: sarò *usw.*

		B: sịi, sịa, siamo, siate, sịano; M: stato
fare (avere)	machen, tun	G: faccio, fai, fa, facciamo, fate, fanno; V: facevo *usw.* Z: farò *usw.* B: fa', faccia, facciamo, fate, fạcciano; M: fatto
fermare (avere)	(an)halten	
figurarsi (essere)	sich vorstellen	
finire (avere)	beenden	mit Stammerweiterung
fiorire (essere)	blühen	mit Stammerweiterung
firmare (avere)	unterschreiben	
fotografare (avere)	fotografieren	
frenare (avere)	bremsen	
fumare (avere)	rauchen	
giocare (avere)	spielen	G: gi(u)oco, gi(u)ochi, gi(u)oca, giochiamo, giocate, gi(u)ọcano; V: giocavo *usw.* Z: giocherò *usw.* B: gi(u)oca, gi(u)ochi, giochiamo, giocate, gi(u)ọchino; M: giocato
girare (avere)	(sich) drehen	
graffiare (avere)	kratzen	wie cambiare
grandinare (essere/avere)	hageln	
guadagnare (avere)	verdienen	
guardare (avere)	schauen, aufpassen auf	
guidare (avere)	steuern, fahren, führen	
illuminare (avere)	beleuchten, erhellen	
immaginare (avere)	sich vorstellen	
imparare (avere)	lernen	
innamorarsi (essere)	sich verlieben	
inventare (avere)	erfinden	
lasciare (avere)	lassen	wie baciare
lavorare (avere)	(ver)arbeiten	
leccare (avere)	(ab)lecken	wie dimenticare
lẹggere (avere)	lesen	G: leggo, leggi, legge, leggiamo, leggete, lẹggono;

		V: leggevo *usw.* Z: leggerò *usw.* B: leggi, legga, leggiamo, leggete, lẹggano; M: letto
mandare (avere)	schicken	
mangiare (avere)	essen	wie baciare
mẹttere (avere)	setzen, stellen, legen	M: messo
montare	besteigen, montieren (avere), steigen (essere)	
morire	sterben	G: muoio, muori, muore, moriamo, morite, muọiono; V: morivo *usw.* Z: mor(i)rò *usw.* B: muori, muoia, moriamo, morite, muọiano; M: morto
muoversi (essere)	sich bewegen	G: mi muovo, ti muovi, si muove, ci moviamo, vi movete, si muọvono; V: mi movevo *usw.* Z: mi moverò *usw.* B: muọviti, si muova, moviạmoci, movẹtevi, si muọvano; M: mosso
nevicare (essere/avere)	schneien	wie dimenticare
noleggiare (avere)	mieten	wie baciare
offrire (avere)	(an)bieten	ohne Stammerweiterung M: offerto
ordinare (avere)	bestellen	
osservare (avere)	beobachten	
pagare (avere)	(be)zahlen	G: pago, paghi, paga, paghiamo, pagate, pạgano; V: pagavo *usw.* Z: pagherò *usw.* B: paga, paghi, paghiamo, pagate, pạghino; M: pagato
parlare (avere)	sprechen	
partire (essere)	abreisen	ohne Stammerweiterung
passare	vergehen (essere), reichen (avere)	
pensare (avere)	denken, überlegen	

pẹrdere (avere)	verlieren	M: perso
permẹttere (avere)	erlauben	M: permesso
piacere (essere)	gefallen	G: piaccio, piaci, piace, piacciamo, piacete, piạcciono; V: piacevo *usw.* Z: piacerò *usw.* B: piaci, piaccia, piacciamo, piacete, piạcciano; M: piaciuto
piọvere (avere)	regnen	nur in der 3. Pers. Einz. und Mehrz. gebräuchlich; M: piovuto
portare (avere)	(mit)bringen	
potere (avere)	können, dürfen	G: posso, puoi, può, possiamo, potete, pọssono; V: potevo *usw.* Z: potrò *usw.* M: potuto
preferire (avere)	vorziehen	mit Stammerweiterung
pregare (avere)	bitten	wie pagare
prelevare (avere)	abheben	
prẹndere (avere)	nehmen	M: preso
preparare (avere)	vorbereiten	
prepararsi (essere)	sich fertigmachen	
presentare (avere)	vorstellen	
provare (avere)	proben, probieren, kosten	
pulire (avere)	putzen	mit Stammerweiterung
rallentare (avere/essere)	langsamer fahren	
rapire (avere)	entführen	mit Stammerweiterung
regalare (avere)	schenken	
restare (essere)	bleiben	
riaddormentarsi (essere)	wieder einschlafen	
ricẹvere (avere)	empfangen	
riconọscere (avere)	(wieder)erkennen	G: riconosco, riconosci, riconosce, riconosciamo, riconoscete, riconọscono; V: riconoscevo *usw.* Z: riconoscerò *usw.* B: riconosci, riconosca, riconosciamo, riconoscete, riconọscano; M: riconosciuto
ricordare (avere) ricordarsi (essere) }	sich erinnern, denken an	
ricostruire (avere)	wieder aufbauen	mit Stammerweiterung
ridare (avere)	zurückgeben	wie dare

rimanere (essere)	bleiben	G: rimango, rimani, rimane, rimaniamo, rimanete, rimạngono; V: rimanevo *usw.* Z: rimarrò *usw.* B: rimani, rimanga, rimaniamo, rimanete, rimạngano; M: rimasto
rincarare (essere)	teurer werden	
ringraziare (avere)	danken	wie baciare
riparare (avere)	reparieren	
ripẹtere (avere)	wiederholen	
riposare (avere)	ausruhen	
risparmiare (avere)	sparen	wie cambiare
ritornare (essere)	zurückkehren	
rivedere (avere)	wiedersehen	wie vedere
rivịvere (avere)	wieder erleben	wie vivere
rọmpere (avere)	zerbrechen, kaputt- machen	M: rotto
saltare	springen (avere/ essere), schnell anbraten (avere)	
sapere (avere)	wissen, können	G: so, sai, sa, sappiamo, sapete, sanno; V: sapevo *usw.* Z: saprò *usw.* B: sappi, sappia, sappiamo, sappiate, sạppiano; M: saputo
scẹgliere (avere)	wählen	G: scelgo, scegli, sceglie, scegliamo, scegliete, scẹlgono; V: sceglievo *usw.* Z: sceglierò *usw.* B: scegli, scelga, scegliamo, scegliete, scẹlgano; M: scelto
scherzare (avere)	scherzen	
scrịvere (avere)	schreiben	M: scritto
sembrare (essere)	scheinen	
sentire (avere)	hören, riechen, fühlen, spüren	ohne Stammerweiterung
sorpassare (avere)	überholen	
spedire (avere)	schicken, senden	mit Stammerweiterung
spẹndere (avere)	ausgeben	M: speso
spogliarsi (essere)	sich ausziehen	wie consigliare

sposarsi (essere)	heiraten	
stare (essere)	bleiben, stehen, stehenbleiben, sich befinden	G: sto, stai, sta, stiamo, state, stanno; V: stavo *usw.* Z: starò *usw.* B: sta, stịa, stiamo, state, stịano; M: stato
studiare (avere)	lernen, studieren	wie cambiare
succẹdere (essere)	geschehen, passieren	M: successo
s(u)onare (avere)	spielen (Instrument), läuten (Glocke)	wie giocare
svegliarsi (essere)	aufwachen	wie consigliare
telefonare (avere)	telefonieren	
tenere (avere)	(be)halten	G: tengo, tieni, tiene, teniamo, tenete, tẹngono; V: tenevo *usw.* Z: terrò *usw.* B: tieni, tenga, teniamo, tenete, tẹngano; M: tenuto
tirare (avere)	ziehen	
toccare (avere)	berühren	wie dimenticare
trovare (avere)	finden	
uccịdere (avere)	töten	M: ucciso
vedere (avere)	sehen	Z: vedrò *usw.* M: visto
vẹndere (avere)	verkaufen	
venire (essere)	kommen	G: vengo, vieni, viene, veniamo, venite, vẹngono; V: venivo *usw.* Z: verrò *usw.* B: vieni, venga, veniamo, venite, vẹngano; M: venuto
visitare (avere)	besichtigen	
vịvere (avere)	leben	Z: vivrò *usw.* M: vissuto
volare (avere)	fliegen	
volere (avere)	wollen	G: voglio, vuoi, vuole, vogliamo, volete, vọgliono; V: volevo *usw.* Z: vorrò *usw.* B: vogli, voglia, vogliamo, vogliate, vọgliano; M: voluto

Alphabetisches Wörterverzeichnis

In diesem Wörterverzeichnis sind alle Wörter aus den Lektionen 1–30 in alphabetischer Reihenfolge angeführt. Die angegebene Zahl verweist auf die Lektion, in der das Wort zum erstenmal erscheint. Suchen Sie es dort unter „So wird's verständlich" oder „Wörter und Wendungen" auf. In den Dialogen und in den Übungen finden Sie Beispiele für den richtigen Gebrauch des Wortes im Satzzusammenhang.

w = weiblich
m = männlich

A

a 1, 7
abbandonato 25
abbassare 10
abbastanza 11
abbonamento (m) 5
abitare 13
abitato 25
abito (m) da sposa 19
accettare 27
accogliente 23
accomodarsi 17
accompagnare 14
accontentare 21
accordo (m)
  d' ~ 20
aceto (m) 3
ACI (Automobile Club d' Italia) 13
acqua (w) 10
  ~ minerale 23
  ~ alta 29
acquisto (m) 20
adagio 15
  andare ~ 22
adatto 28
addormentarsi 17
adesso 8
aereo (m): in ~ 7
affari (m Mehrz.) 14
  ~ di compra-vendita 14
affascinante 29
affrescato 13
affresco (m) 13
Africa (w) 29
agli 7
aglio (m) 3
ahi 17
ai 7
aiuto (m) 16
al 7
albergo (m) 1
albero (m) 25
alcuni 5
alfabeto (m) 3
alga (w)
  ~ marina 3
  ~ della Cina 3
all', alla 7
allattare 26
alle 7
alleghiamo 20
allegro 15
  ~ vivace 15
allenatore (m) 7
allo 7
allora 3
alto 17
altro 11
alzarsi 17
ambulanza (w) 22
Amburgo (w) 20
America (w) 7
amica (w) 3
amico (m) 2
ammalato 7
ammettere 15
ammesso 15
amore (m) 16
  per ~ 19
anche 3
ancora 3
andare 5
  ~ a Napoli, Monaco usw. 5
  ~ a casa 7
  ~ a scuola 7
  ~ a teatro 7
  ~ in aereo 7
  ~ in bicicletta 7
  ~ in chiesa 7
  ~ in Italia, in Germania usw. 7
  ~ via 9
anfiteatro (m) 28
anguilla (w) 4
anno (m) 3
  ~ prossimo 30
antenato (m) 14
antichità (w) 8
antico 8
antipasto (m) 23
aperitivo (m) 9
aperto 9
  all' ~ 23
appetito (m) 23
applaudire 28
applauso (m) 28
appuntamento (m) 9
aprire 11
arabo 14
arancia (w) 3
architetto (m) 13
architettura (w) 13
archi (m Mehrz.) 15
arcobaleno (m) 25
arena (w) 28
argentato 8
argento (m) 8
  d' ~ 8
Arlecchino (m) 26
armadio (m) 2
arrabbiato 29
arrivare 5
arrivederci 1
arte (w) 25
artista (m/w) 17
asciugamano (m) 10
ascoltare 15
asparago (m) 4
aspettare 7
assegno (m) 27
assicurare 13

N

O

P

Schlüssel zu den Übungen

LEKTION 1

Übung 1: Per favore, c'è un albergo qui vicino? Per favore, c'è una camera tranquilla? Vorrei una camera con la doccia, con il balcone e una bella vista. La camera numero dieci non è libera, è occupata. La camera è occupata! Che sfortuna!

Übung 2: Sì, l'albergo Goldoni è qui vicino. La camera numero sette non è tranquilla. Nella camera numero tre non c'è la doccia. Nella camera numero cinque non c'è il balcone. Sul Canal Grande c'è molto traffico di gondole!

LEKTION 2

Übung 1: la mia camera – il mio balcone – il mio amico – mio figlio – mia moglie – la mia casa – mia suocera – il mio bagno.

Übung 2: Che sorpresa, caro Giovanni! Giovanni è il nostro ospite, vero Marina? Certamente. La camera degli ospiti è libera. Non vorrei disturbare. Ma ti prego, Giovanni. È un piacere per noi! Dov'è la Sua valigia? Dov'è la mia valigia? Dov'è la sua valigia? Ecco la sua valigia. Grazie, Marco. Alla tua salute, Giovanni! Alla vostra ospitalità!

LEKTION 3

Übung 1: Marina sta così, così. Marina ha un raffreddore fortissimo. Marco ha la febbre. No, Marina non ha l'influenza. Sì, Bruno ha l'influenza. Ima non ha paura del contagio.

Übung 2: Avete bisogno di qualche cosa? No, grazie. Non abbiamo bisogno di niente. Avete limoni, arance, pompelmi? Non so. Ho mal ti testa, sono a pezzi. Va bene, vengo. Abbiamo l'influenza. Non hai paura del contagio? No, non ho paura del contagio. A più tardi.

LEKTION 4

Übung 1: Sì, i pesci sono freschi. Sì, la frutta è bella. Le arance costano mille lire al chilo. Gli asparagi costano duemila lire al chilo. Sì, al mercato ci sono anguille. Le anguille sono fresche. Giovanni è un pittore. Luisella è la sua amica.

Übung 2: mille – duemila – tremila – cinquemila – diecimila – millenovecentonovantanove – cinquecento – duemilacinquecento – quattro.

LEKTION 5

Übung 1: Noi andiamo in vaporetto. Io vado al mercato di Rialto. Marina è andata alla biglietteria. Bruno è andato alla tabaccheria.
La signora viene a piedi. La forestiera è venuta in vaporetto. Il forestiero è venuto in gondola. Quando vieni? Non vengo, ho l'influenza.

Übung 2: Dove si comprano i biglietti? Dove si comprano le sigarette? Dove si compra il giornale? Dove si compra la frutta? Dove si comprano le arance?

LEKTION 6

Übung 1: Per favore, c'è una pensione qui vicino? Una pensione tranquilla con bella vista. Qui vicino c'è la pensione Goldoni. La pensione Goldoni non è tranquilla. Ma la pensione Goldoni è tranquilla o no?

Übung 2: Buon giorno, signore. Che cosa desidera? Vorrei una camera a un letto, per favore. No, la camera numero tre non va bene. Sì, con la doccia (vorrei una camera con la doccia). La camera numero sette è con doccia e balcone. No, la camera numero sette non va bene, non è tranquilla. La camera numero dieci è occupata. Che sfortuna!

Übung 3: Non c'è un albergo qui vicino. La camera numero sette non ha il balcone. Sul Canal Grande non c'è molto traffico. Non c'è una camera a un letto. La camera numero tre non è libera.

Übung 4: la vostra casa; il Suo albergo; la nostra barca; il mio ospite; la vostra ospitalità; mia madre; sua suocera; sua suocera; il suo bagno; suo figlio.

Übung 5: Marina, vieni! C'è Giovanni, il nostro amico pittore! Che sorpresa, caro Giovanni! Giovanni è il nostro ospite, vero Marina? Certamente. La camera degli ospiti è libera. Non vorrei disturbare. Ma ti prego, Giovanni. È un piacere per noi. Ecco, questa è la tua camera. È bella. C'è anche il balcone e una meravigliosa vista su Venezia. È una camera tranquilla. Sì, è molto tranquilla. È molto bella, grazie. Alla tua salute, Giovanni! Alla vostra ospitalità! Salute!

Übung 6: Le signorine sono gentili. Gli amici pittori sono a Venezia. I pesci sono cari. I limoni hanno la vitamina „C". Le ricette sono buonissime. Le alghe marine della Cina. Le ricette cinesi sono buone. Gli spicchi d'aglio. Le arance sono dolci. Gli asparagi sono freschi. I pesci sono vivi, vivissimi.

Übung 9: Vorrei andare a piedi in piazza S. Marco. È lontano? No, non è lontano. In dieci minuti arriva in piazza S. Marco. Grazie, molto gentile. Prego. Quanto costa il biglietto per il vaporetto? Solamente duecento lire. Benissimo. Dove si compra il biglietto? Alla biglietteria, al bar o alla tabaccheria. Arriva il vaporetto. Andiamo in piazza S. Marco a piedi, non abbiamo il biglietto. Ecco i biglietti! Grazie, molto gentile. Ecco quattrocento lire. No, il Vostro primo viaggio sul Canal Grande è gratis. Ma come sono gentili i veneziani! E com'è bella Venezia! Grazie, molto gentile!

LEKTION 7

No, è nello studio di papà. Marco e Antonio vanno a Napoli in aereo. Non vanno in treno, vanno in aereo. Perchè c'è la finale del campionato di calcio. Il ministro dello sport paga il viaggio. La sua valigia è nell'armadio in guardaroba. Il suo pigiama è nel secondo cassetto. Marina è in cucina. Gli aerei non volano perchè c'è sciopero del personale di bordo.

LEKTION 8

Übung 1: Loro parlano italiano? Quando partite per Firenze? Non vendono la collana di perle. Domani compriamo il ventaglio d'avorio. Dipingiamo una natura morta. Partite per Roma o per Napoli? Non partiamo per Roma, partiamo per Napoli. Venite, non disturbate. Quando andate in albergo? Andiamo in albergo fra dieci minuti.

Übung 2: Vorrei comprare un gioiello antico. Per te? No, per mia figlia Anna. Che cosa mi consigli? Ti consiglio questa collana. È di vetro? Sì, è una collana di perle di vetro di Murano. È antica? Sì, le perle sono del diciannovesimo secolo. È bella. Compro la collana per Anna. Quanto costa? Non parliamo del prezzo adesso. Per pagare e morire c'è sempre tempo!

LEKTION 9

Übung 1: sono le otto meno un quarto – sono le otto e mezza – sono le undici meno un quarto – sono le sette e dieci – sono le cinque meno venticinque.

Übung 2: È l'ora giusta per l'aperitivo? Sì, è l'ora giusta. Mila è venuta al caffè (al bar)? No, non è venuta, è in ritardo. A che ora viene? Non so. Mi fa un favore? Certamente. Dica a Mila che siamo andati in farmacia. Va bene, Loro sono andati in farmacia.

LEKTION 10

Übung 1: La mettiamo all'ombra. Lo metto in riva al mare. Sì, lo guardo. Sì, li compro. No, non le compro. Eccolo! Eccomi qui! Eccoli! Eccole!

Übung 2: Non posso dormire, potete abbassare la musica, per favore? Ma non la sento più. Mi può fare un favore? Se posso, volentieri. Può mettere l'ombrellone in riva al mare? Ma naturalmente. Grazie, molto gentile. Ci mettiamo al sole o all'ombra? Al sole fa troppo caldo, ci mettiamo all'ombra. Va bene.

LEKTION 11

Übung 1: Ho perso le chiavi – le ho perse. Ho trovato il portafoglio – l'ho trovato. Ho venduto la collana – l'ho venduta. Non ho venduto gli ombrelloni – non li ho venduti. Non ho visto la barca – non l'ho vista. Non ho visto i bambini – non li ho visti.

LEKTION 12

Übung 1: Compro una collana di perle di vetro di Murano. Non vende i pavoni argentati. Non parliamo del prezzo. Perchè Bruno va a Firenze (parte per Firenze)? Perchè c'è una fiera dell'antiquariato. Vorrei comprare un gioiello antico. Di quale epoca? Del diciannovesimo secolo. Non c'è nessuno? Vorrei guardare un po'. Non vorrei disturbare. No, non disturba, signora. Che cosa dipinge? Dipingo una natura morta. La vanità argentata. Sono io forse la vanità argentata? Sì, tutte le belle donne sono vanitose! Lei non lo è?

Übung 2: Sono le dieci e un quarto. Sono le sette e mezza. Sono le cinque meno un quarto. È l'una e venti. Sono le dodici e mezza. Sono le sei (in punto). A che ora parte il treno? Alle tre in punto. A che ora apre il negozio? Alle quattro. Dall'una alle tre il negozio è chiuso. Oggi ho perso le chiavi.

Übung 3: Zia Luisa è sulla spiaggia e desidera un ombrellone. Il bagnino lo porta subito. Lo mette in riva al mare. Desidera anche una sedia a sdraio. La mette all'ombra, perchè al sole fa troppo caldo. Dov'è la barca di Francesco? Eccola, in riva al mare. Zia Luisa va via con lui. Sulla spiaggia non può dormire e non può fare il bagno. Finalmente può stare in pace. Con Francesco in barca.

Übung 4: Ho trovato una borsa – l'ho trovata. Ho mangiato il gelato – l'ho mangiato. Abbiamo mangiato i gelati – li abbiamo mangiati. Hai comprato i pavoni? – li hai comprati? Non ha venduto i pavoni – non li ha venduti. Ho aperto la finestra – l'ho aperta. Hai chiuso la finestra? – l'hai chiusa? Non ho visto il bambino – non l'ho visto. Non hai visto i bambini? – non li hai visti? Ho visto una bambina – l'ho vista. Ho visto le bambine – le ho viste.

LEKTION 13

Übung 1: L'architetto Andrea Palladio. La villa la „Malcontenta" è del Cinquecento (del sedicesimo secolo). Giovanni Battista Tiepolo ha affrescato la sala da ballo della villa di Stra. Nel Veneto ci sono più di tremila ville. Sì, molte ville si possono visitare. Alla „Malcontenta" ha abitato la famiglia del doge Francesco Foscari. La „Malcontenta" è sulla riva del fiume Brenta. Andreas e gli amici hanno noleggiato la macchina per visitare le ville lungo il Brenta. Giovanni guida la macchina.

Übung 2: Non voglio. Non mi capisce. Lo vuole? Mi hai capito? Che cosa vuole da noi? Non capiscono. Non ti ho capito. Non l'ho capita. Non ci ha capiti.

LEKTION 14

Übung 1: La casa dei miei amici è vicina alla spiaggia. La villa delle mie zie è a destra del ponte. Hai venduto i tuoi quadri? Sì, i miei quadri sono venduti! Allora sei diventato ricco. Ricchissimo. Ma purtroppo devo pagare le tasse. E allora non sono più ricco! Oh! Poverino! Chi ha inventato le tasse doganali? La Repubblica di Venezia (della Serenissima), è diventata molto ricca con le tasse dei commercianti stranieri. Purtroppo sono tempi passati. Perchè? Oggi gli stranieri non pagano tasse a Venezia? Non abbastanza! Vuoi scherzare? Sì, perchè no!

Übung 2: La posta centrale di Venezia è a Rialto (al Fondaco dei tedeschi). Il fermo posta è alla posta centrale a Rialto. La posta è a destra del ponte. „Fondaco" è una parola araba e vuol dire scalo commerciale.

LEKTION 15

Übung 1: Che cos'hai detto? Non vieni oggi all'opera? Peccato, perchè l'orchestra del Teatro La Fenice suona musica barocca. Chi dirige? Il famoso direttore Claudio Abbado. Che cosa dici? Dirige lui? Ma allora vengo, naturalmente! Ma i biglietti li hai? Ma certamente, il primo violino dell'orchestra La Fenice è nostro amico. Ah! Adesso capisco. E com'è il programma? È molto interessante: suonano „Le Quattro Stagioni" di Vivaldi e dopo di Corelli il Concerto grosso Opera 6 Numero 4 per due violini e violoncello. Magnifico! Ci vediamo alla Fenice alle otto. Sì, alie otto in punto alla cassa.

Übung 2: Che cos'ha detto? Non viene oggi all'opera? Peccato, perchè l'orchestra del Teatro La Fenice suona musica barocca. Chi dirige? Il famoso direttore Claudio Abbado. Che cosa dice? Dirige lui? Ma allora vengo, naturalmente! Ma i biglietti li ha? Ma certamente, il primo violino dell'orchestra La Fenice è nostro amico. Ah! Adesso capisco. E com'è il programma? È molto interessante: suonano „Le Quattro Stagioni" di Vivaldi e dopo di Corelli il Concerto grosso Opera 6 Numero 4 per due violini e violoncello. Magnifico! Ci vediamo alla Fenice alle otto. Sì, alle otto in punto alla cassa.

LEKTION 16

Übung 1: Buon giorno, Ima. Va a fare la spesa? Buon giorno, Lucia. Vado a fare la spesa al mercato di Rialto. Fa la spesa tutti i giorni? No, faccio la spesa all'ingrosso una volta al mese. Anch'io faccio così. E una volta alla settimana faccio la spesa „fresca": pesce, frutta e verdura. Non ha il congelatore? Sì, ho il congelatore. D'estate preparo le verdure per l'inverno. Ieri ho fatto venti bottiglie di conserva di pomodoro. Ha ragione, questa è la stagione dei pomodori. La devo fare anch'io, è buonissima. Dove va adesso? Vado a comprare il pesce. Questa sera faccio pesce. Che cosa fa? Faccio le sarde alla greca. Io non le ho mai fatte. Come si fanno? È semplicissimo. Venga questa sera a cena e Le faccio vedere. Che buona idea! Vengo prima di cena. Sì, venga alle sette e mezza, alle otto mangiamo. Fa così presto a fare le sarde? Sì, si fanno in dieci minuti e sono buonissime! A stasera, grazie!

Übung 2: Va a fare il bagno a mezzanotte. Compriamo il pesce fresco al mercato. Fa la siesta dalle due alle tre. Ho fatto trecento chilometri e sono stanco. Hai fatto pesce per cena? Sì, ho fatto pesce, ho fatto le sarde alla greca. Come si fanno? Vieni in cucina, ti faccio vedere.

LEKTION 17

Übung 1: Non mi sento molto bene. Come si sente? Nervoso. Dormo male. Non posso addormentarmi. Sì, mi addormento, poi mi sveglio, non dormo bene. Perchè non va dal dottore? Sono stato ieri dal Dr. Rossi. E che cosa ha detto? Ha detto che non va mica bene; sono quasi morto, ha detto. Come? Lei è quasi morto? Sì, il fegato, il cuore, la pressione alta ecc. Il Dr. Rossi non beve e non fuma. Mangia molto poco. I suoi pazienti non devono fumare, bere e devono mangiare poco. Va bene, ma se Lei non si sente bene forse ha ragione il Dr. Rossi. Ma io non voglio campare cent'anni!

LEKTION 18

Übung 1: Non vuoi. Non mi capisce. Ho voluto andare. Lei capisce molto bene l'italiano. Che cos'ha detto? Non ho capito. Vuoi comprare la macchina o noleggiare la macchina? Voglio noleggiare la macchina per un mese. Fai un'assicurazione contro tutti i rischi? Ma naturalmente, voglio guidare senza pensieri. Io ho solamente un'assicurazione contro terzi. Se succede un incidente, paghi tu. Dipende di chi è la colpa.

Übung 3: Questa è la casa di Suo fratello? No, questa è la mia casa. Ah! E dov'è la casa di Suo fratello? Mio fratello non ha una casa sua, abita da nostra sorella, in città vicino alla posta. Ho capito. Ma Lei parla bene l'italiano. No, lo parlo solo un pochino. No, lo parla benissimo. Si sente solo un po' la pronuncia tedesca. Per esempio quando dice: „**qu**esta". Perchè? Noi pronunciamo „**qu**esta" e non „kwesta", questa è la differenza. Ah! Adesso ho capito: **qu**esta, **qu**i, **qu**ando, è giusto così? Benissimo, ho detto che Lei parla molto bene l'italiano. Grazie, Lei è molto gentile.

Übung 4: Va bene, non parlo più. Che cosa dice? Ho detto che non parlo più. Non ho sentito. Che cos'ha detto? Ma allora, mi ascolta quando parlo? Ascolto la musica, non L'ho sentita. Ascolto Mina (Mina ist eine bekannte Schlagersängerin). Naturalmente Mina è più importante di me. Ma Mina è un'ottima cantante. Lo so che Mina canta molto bene, ma che cosa ci posso fare se io non sono una cantante di musica leggera? Ma La prego, io L'ascolto quando parla!

Übung 5: Come si chiama? Mi chiamo Maier. Si chiama Maier e dopo? Mi chiamo Antonio Maier. Dov'è nato? Sono nato a Berlino. Quando? Il 15 marzo 1943. Dove abita qui? Abito nell'albergo Quattro Stagioni. Per quanto tempo (quanto tempo rimane)? Tre settimane. Dove si è fatto male? Mi sono fatto male al piede. Le fa male qui? Ahi! Fa male! Per favore, si accomodi, il dottore viene subito. Grazie.

LEKTION 19

Übung 1: I genitori della sposa; i genitori dello sposo; i suoceri; lo zio; la zia; la nonna; il cugino; il nipote.

Übung 2: Ti piacciono le fotografie? Sì, mi piacciono molto. Quando le hai fatte? Le ho fatte al matrimonio di Giuliana. È stato un bel matrimonio? Sì, la sposa mi è piaciuta molto nel suo abito da sposa. E la torta nuziale ti è piaciuta? Mi è piaciuta moltissimo. Dove sono andati gli sposi in viaggio di nozze? Non lo so. Lui preferisce la montagna, lei il mare. Ma, comincia bene!

LEKTION 20

Übung 1: Mi può telefonare in casi urgenti. Devo ordinare i pezzi di ricambio? Sì, li deve ordinare subito. È urgente. Il direttore non è in ufficio, La faccio parlare con il capoufficio vendite. No, vorrei parlare con il direttore personalmente. La posso chiamare quando ritorna. D'accordo. Il nostro numero di telefono è: 23456 e il nostro indirizzo è: Milano, Piazza Manzoni 45.

LEKTION 21

Übung 1: Buon giorno, Gianni. Buon giorno, signorina Luisella. È arrivata la macchina? Eccola, Le piace? Mi piace moltissimo, voglio guardarla bene! La linea è stupenda. E il colore . . . bello! Voglio farle vedere il motore. Vuole farmi vedere il motore? Ecco, ci sono due carburatori. Due carburatori? E la messa a punto è un problema? No, assolutamente. Devo venire spesso in officina per la messa a punto? Per forza! È una macchina sprint! Quanto fa all'ora? Fa i duecento! Fa i duecento, veramante? Vuole provarla? Sì, voglio provarla subito sull'autostrada. Finalmente ho una macchina veloce! C'è anche il freno nella Sua macchina, lo sa? Vuole prendermi in giro? No, so che sa guidare bene. Andiamo a Padova a bere il caffè? Sì, è tutta autostrada, andiamo a Padova.

Übung 2: voglio provarla – non posso comprarli – quando devi vederli? – voglio telefonargli domani – non posso scriverle oggi.

LEKTION 22

Übung 1: Ma è pazzo! Sorpassa in curva! Oh! Dio mio! Un incidente! Ti sei fatto male? Sei ferito? Non mi sono fatto niente! Non sono ferito! Per fortuna! È andata ancora bene! Che spavento! Mettiamo il triangolo. È pericoloso! Sì, mettetelo subito! Siamo in curva! Mettilo più lontano! Oh! Dio mio! La mia macchina è un rottame! Ma tu sei pazzo! Perchè sorpassi in curva! Tu sei due volte pazzo! Guarda il mio camion! Calma! State tranquilli! È andata ancora bene! Stai male? Ho freddo. Metti la coperta, mettila così! Fuma una sigaretta! Grazie. Chiama la polizia stradale! Vado subito a chiamarla. Chiamiamo anche l'ambulanza? Non chiamate l'ambulanza! Non sono ferito. Chiamate il carro attrezzi! Un'altra volta non sorpassare in curva!

Übung 2: Bevi il caffè con lo zucchero! Bevilo con lo zucchero!
Non bere il caffè caldo! Non berlo caldo!
Mettiamo le sedie a sdraio in riva al mare! Mettiamole in riva al mare!
Telefona al direttore! Telefonagli!
Scriva a Sua madre! Le scriva!
Pagate i biglietti subito! Pagateli subito!

LEKTION 23

Übung 2: L'acqua minerale è tiepida, mi porti per favore acqua fresca (fredda). La porto subito. Desidera bere anche vino? No, grazie. Non posso bere vino. Mi porti il menu. Eccolo. Che cosa mi consiglia di primo (come primo piatto)? Le consiglio il riso con le cozze; le cozze, naturalmente senza guscio, vengono cucinate con prezzemolo e aglio. È buono? È buonissimo, lo provi! Sì, lo provo, grazie.

LEKTION 24

Übung 1: Mi piace tanto il mare! Io preferisco la montagna. Dobbiamo fare il viaggio di nozze al mare o in montagna? Come vuoi, caro. No, cara, non come voglio io, ma come vuoi tu. Sai? Che cosa? Vorrei tanto andare in Italia meridionale, la conosco troppo poco. Ma naturalmente, domani ci andiamo. Domani? Ma non siamo ancora sposati! Non importa! Ma che cosa dici, i miei genitori non mi lasciano venire con te prima del matrimonio. I tuoi genitori sono antiquati. Forse sono antiquati, ma sono fatti così. Bene, quando ci sposiamo? In autunno, non mi piace il caldo dell'estate. Non ti piace il caldo, ma ti piace il mare? Non mi piace il caldo in Italia meridionale, là fa troppo caldo d'estate. Hai ragione, in ottobre la vista dal vulcano Etna è molto più bella. Come? Facciamo la luna di miele su un vulcano? Mio caro, fa troppo caldo!

Übung 2: Spett. Ditta
Nord-Sud
Via Pirelli, 25
Milano — Torino, l'otto aprile 79
Oggetto: Ns. ordinazione nr. 7154
Egregi signori,
Vi ringraziamo per la Vostra lettera del 6 aprile 1979. Vi preghiamo di mandarci subito la merce dopo lo sdoganamento. La prossima settimana Vi ordiniamo i pezzi di ricambio per i transistor.
Vi salutiamo distintamente
Feltrinelli & Figli
Ufficio acquisti

Übung 3: Perchè ha un guasto. Il termostato è rotto. Perchè non ha il pezzo di ricambio originale. A Padova, a sessanta chilometri. Telefonano a Padova per farsi mandare il pezzo di ricambio originale. No, non possono mandare subito il termostato. Il capo officina va a Padova con la bella cliente per provare la nuova macchina sull'autostrada e per bere un caffè.

Übung 4: Non sorpassare la macchina in curva! Non sorpassarla in curva! Compriamo una macchina sportiva! Compriamola domani! Parla lentamente! Ripetete ad alta voce! Si accomodi qui! Si accomodino qui! Va a comprare le arance! Va a comprarle! Sta attento al traffico! Va adagio perchè è pericoloso! Vada a chiamare la polizia stradale! Andate a chiamare l'ambulanza! Metta il triangolo! Lo metta più lontano!

Übung 6: Ci può consigliare un buon ristorante? Mi lasci pensare un momento. Sì, possono andare alla trattoria „La rosa rossa". È un locale tipico? È molto simpatico e accogliente. Se vogliono possono mangiare all'aperto. No, oggi fa troppo fresco, mangiamo dentro. Come vogliono. Qual'è la loro specialità? Fanno una magnifica pasta e fagioli, la mangino. Bene, la prendiamo e molte grazie, è stato molto gentile. Arrivederci!

LEKTION 25

Übung 1: Quell'isola mi piace molto. Quell'arcobaleno su Venezia è bellissimo. Quel temporale è stato bruttissimo. Quegli zii vengono dall'America.

E che cosa portano? Portano quei famosi dollari che nessuno vuole! Quei motoscafi sono tuoi? Sì, vuoi comprarli? No, preferisco quella barca. Guarda quelle, sono bellissime.

Übung 2: Che tempo fa oggi? C'è il sole, ma quella nuvola là non mi piace. Perchè? Il tempo si mette al brutto. Ma no, il tempo rimane bello. Viene un temporale. Sei così pessimista. C'è vento e fa fresco. Ma c'è il sole, fra poco siamo arrivati a casa. Vedi quell'isola là? Sì, la vedo. Andiamo là. Fra dieci minuti siamo arrivati. E se piove? Allora prendiamo l'ombrello!

LEKTION 26

Quando gliela scrivi? Quando glielo porta? Vorrei comprartela al mare. Non comprarmela al mare, compramela in montagna. Ve la porto in officina? Ve l'ho portata dal capo officina. Quando ce la ripara? Ve la ripara subito. Ce l'ha riparata molto bene.

LEKTION 28

Übung 1: Canteremo insieme la romanza dell'Aida. Ti vedremo domani alle cinque? Forse partirò per Milano. Se non c'è sciopero sarai qui alle cinque? Sarò senz'altro da voi. Se piove non vedranno la fine dell'opera.

Übung 2: Giovanni è innamorato di lei (di Ingrid). Ingrid non è innamorata di lui (di Giovanni). Perchè non vuole cantare un giorno la romanza dell'Aida „Oh, patria mia, non ti rivedrò mai più!". Lunedì parte per Monaco. „I verdi prati, le profumate rive" l'aspettano.